2020

中国国际收支报告

China's Balance of Payments Report

国家外汇管理局国际收支分析小组

BOP Analysis Group

State Administration of Foreign Exchange

中国金融出版社

China Financial Publishing House

责任编辑：张翠华
责任校对：孙　蕊
责任印制：程　颖

图书在版编目（CIP）数据

2020中国国际收支报告/国家外汇管理局国际收支分析小组编.—北京：中国金融出版社，2021.12
ISBN 978-7-5220-1393-0

Ⅰ.①2… Ⅱ.①国… Ⅲ.①国际收支—研究报告—中国—2020 Ⅳ.①F812.4

中国版本图书馆CIP数据核字（2021）第222030号

2020中国国际收支报告
2020 ZHONGGUO GUOJI SHOUZHI BAOGAO

出版
发行 中国金融出版社

社址 北京市丰台区益泽路2号
市场开发部（010）66024766，63805472，63439533（传真）
网上书店 www. cfph. cn
（010）66024766，63372837（传真）
读者服务部（010）66070833，62568380
邮编 100071
经销 新华书店
印刷 天津市银博印刷集团有限公司
尺寸 210毫米×285毫米
印张 10.5
字数 158千
版次 2021年12月第1版
印次 2021年12月第1次印刷
定价 80.00元
ISBN 978-7-5220-1393-0

国家外汇管理局
国际收支分析小组人员名单

组　　长： 潘功胜

副 组 长： 郑　薇　宣昌能　陆　磊　王春英

审　　稿： 杨　骏　刘　斌　叶海生　胡春雨　汪增群　丁志杰

统　　稿： 贾　宁　赵玉超　韩　健　李玲青　胡　红　乔林智

执　　笔：

第一部分：顾　及　邹　烨　陈　丰

第二部分：邹　烨　刘　慧　国启明　贺　萌　高　畅

第三部分：胡　红

第四部分：齐天骄　张洪诚

第五部分：张青青

专　　栏：陈　丰　沈婷元　姜　哲　马玉娟　田　园

附录整理： 郑梦晨

英文翻译： 胡　红　高　铮　杨　灿　贺　萌　高昕来

英文审校： Nancy Hearst（美国哈佛大学费正清东亚研究中心）

Contributors to this Report

Head
Pan Gongsheng

Deputy Head
Zheng Wei   Xuan Changneng   Lu Lei   Wang Chunying

Readers
Yang Jun   Liu Bin   Ye Haisheng   Hu Chunyu   Wang Zengqun
Ding Zhijie

Editors
Jia Ning   Zhao Yuchao   Han Jian   Li Lingqing   Hu Hong   Qiao Linzhi

Authors
Part One: Gu Ji   Wu Ye   Chen Feng
Part Two: Wu Ye   Liu Hui   Guo Qiming   He Meng   Gao Chang
Part Three: Hu Hong
Part Four: Qi Tianjiao   Zhang Hongcheng
Part Five: Zhang Qingqing
Boxes: Chen Feng   Shen Tingyuan   Jiang Zhe   Ma Yujuan   Tian Yuan

Appendix: Zheng Mengchen

Translators: Hu Hong   Gao Zheng   Yang Can   He Meng   Gao Xinlai
Proofreader: Nancy Hearst (Fairbank Center for East Asian Research, Harvard University)

内容摘要

2020年，新冠肺炎疫情在全球蔓延，世界经济出现严重衰退，国际金融市场大幅波动。在以习近平同志为核心的党中央坚强领导下，我国统筹推进疫情防控和经济社会发展取得重大战略成果，国内经济稳定恢复，高水平双向开放稳步推进，人民币汇率弹性增强，外汇市场保持平稳运行。

2020年，国际收支延续基本平衡的发展格局，外汇储备规模稳定在3.2万亿美元左右。经常账户顺差增加，与国内生产总值（GDP）之比为1.9%，继续处于合理均衡区间。其中，货物贸易顺差较2019年增长31%，呈现先抑后扬走势；服务贸易逆差收窄44%，主要是旅行支出萎缩。跨境双向投融资活跃。一方面，外资投资国内市场的信心依然较强，各类投资合计5 206亿美元，较2019年增长81%；另一方面，居民多元化配置境外资产的需求增加，我国对外各类投资5 983亿美元，增长1.1倍。2020年末，我国对外金融资产和负债较2019年末分别增长11%和18%，对外净资产2.2万亿美元。

2021年，预计经常账户顺差继续处于合理区间，跨境资本流动延续有进有出、总体均衡的态势。从国际环境看，新冠肺炎疫情仍在全球持续，经济金融运行中的不稳定不确定因素依然存在；但国内经济长期向好的基本面没有改变，我国将巩固拓展疫情防控和经济社会发展成果，加快构建以国内大循环为主体、国内国际双循环相互促进的新发展格局，继续实行高水平对外开放，保持人民币汇率在合理均衡水平上的基本稳定。外汇管理部门将立足新发展阶段，坚持新发展理念，持续推进贸易投资便利化改革，推动金融市场开放，完善外汇市场“宏观审慎+微观监管”的管理框架，防范跨境资金流动风险，服务实体经济发展，维护国际收支基本平衡。

Abstract

In 2020, the COVID-19 epidemic spread throughout the world. The global economy faced a serious recession and intensified turmoil in international financial markets. Under the firm leadership of the CPC Central Committee with Comrade Xi Jinping as the core, China made great strategic achievements in coordinating the efforts to promote epidemic control and economic and social development. The domestic economy recovered steadily and the high-level two-way opening was steadily promoted. The flexibility of the RMB exchange rate was enhanced and overall operation of the foreign-exchange market was stable.

China's balance of payments maintained a basic equilibrium in 2020, and foreign-exchange reserves remained stable at about USD 3.2 trillion. The current account surplus increased, accounting for 1.9 percent of GDP. The balance remained within a reasonable equilibrium range. In particular, the surplus of trade in goods increased by 31 percent compared with that in 2019, showing a trend of decreasing first and then increasing. The deficit in trade in services narrowed by 44 percent, mainly due to the decrease in travel expenditures. Cross-border two-way investments and financing were active. On the one hand, confidence in foreign investments in the domestic market remained strong, with various types of investments totaling USD 520.6 billion, an increase of 81 percent over 2019. On the other hand, residents' demand for diversified allocations of overseas assets increased, with China's outward foreign investments of USD 598.3 billion, an increase of 1.1 times. By the end of 2020, China's external financial assets and liabilities had increased by 11 percent and 18 percent, respectively, compared with the end of 2019, and net external assets reached USD 2.2 trillion.

In 2021, it is expected that the current account surplus will continue to be within a reasonable range, and cross-border capital flows will continue their overall balanced situation in two directions. With respect to the international environment, the COVID-19 epidemic is still ongoing, and unstable factors in economic and financial operations still exist. However, the positive long-term fundamentals in the domestic economy have not changed. China will consolidate and expand the achievements of epidemic control and economic and social development, accelerate the construction of a new development pattern in which the domestic economic cycle plays a leading role and the domestic and international cycles promote each other, continue to implement a high level of opening-up, and maintain the basic stability of the RMB exchange rate at a reasonable and equilibrium level. The foreign exchange administration departments will be based on the new development stage, adhere to the new development concept, continue to advance reform of trade and investment facilitation, promote the opening of the financial market, improve the management framework of "macro prudence + micro supervision" of the foreign-exchange market, prevent cross-border capital flow risks, serve development of the real economy, and maintain a basic equilibrium in the balance of payments.

目 录

■ 专栏

■ 图

■ 表

Contents

Appendix Statistics

Boxes

Charts

Tables

一

国际收支概况

（一）国际收支运行环境

2020 年，新冠肺炎疫情在全球蔓延，世界经济出现严重衰退，国际金融市场大幅波动。面对复杂严峻的国内外环境，我国经济运行稳定恢复，成为 2020 年全球唯一实现经济正增长的主要经济体。

全球经济经历严重衰退后缓慢恢复。2020 年上半年，全球经济深度萎缩，部分发达经济体经济增速呈现加速下滑，其中美国第二季度国内生产总值（GDP）环比折年率下降 31.7%，巴西、印度、俄罗斯、南非等新兴经济体第二季度 GDP 均为负增长。下半年，全球经济逐步复苏，第三季度美国、欧元区、日本、英国 GDP 同比分别下降 2.9%、4.3%、5.7% 和 8.7%，降幅较第二季度显著收窄（见图 1–1）；第四季度由于疫情反复，多国收紧疫情防控措施，经济复苏速度放缓。国际货币基金组织（IMF）预估 2020 年全球经济下降 3.5%。

图 1–1　主要经济体经济增长率

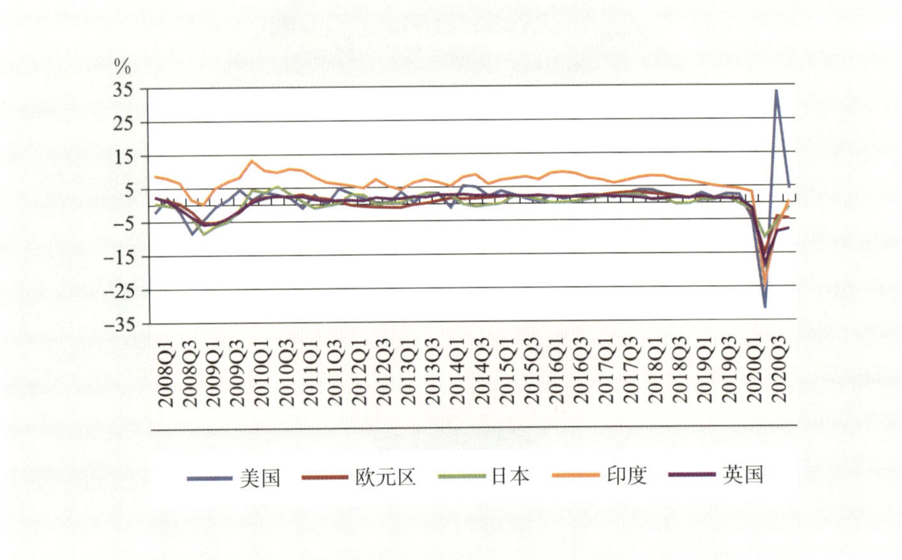

注：美国数据为季度环比折年率，其他经济体数据为季度同比。
（资料来源：环亚经济数据库）

主要发达经济体实施超宽松货币政策。为应对疫情冲击带来的经济衰退，主要发达经济体央行均大幅降息，一些经济体已将政策利率降至零利率或负利率区间，并扩大货币政策操作规模，美联储、加拿大央行和日本央行增加回购协议规模并延长期限。此外，部分发达经济体央行在 2020 年陆续开展货币政策框架评估，其中美联储在 8 月完成评估后宣布修订货币政策框架，实施平均 2% 的通胀目标。

国际金融市场出现大幅波动。2020 年第一季度，疫情冲击导致全球金融市场陷入恐慌，风险资产及黄金等传统避险资产均遭到抛售引发价格下跌，多国股市数次熔断，新兴经济体货币贬值。第二季度后，随着主要经济体政府出台大规模刺激政策，市场情绪趋于缓和，金融市场得到明显修复。2020 年美元指数先扬后抑，上半年最高接近 103，但全年下跌 7.1% 至 90 下方；新兴市场货币指数（EMCI）下跌 5.8%，美国标准普尔 500 指数、欧元区斯托克 50 指数和

MSCI 新兴市场股指分别上涨 16.3%、下降 5.1% 和上涨 15.8%，S&P GSCI 商品价格指数下跌 6.1%（见图 1-2 和图 1-3）。持续宽松货币环境推动的全球金融市场强劲反弹，与脆弱复苏的实体经济基本面脱节，风险隐患加大。

图 1-2　国际金融市场利率和货币波动率水平

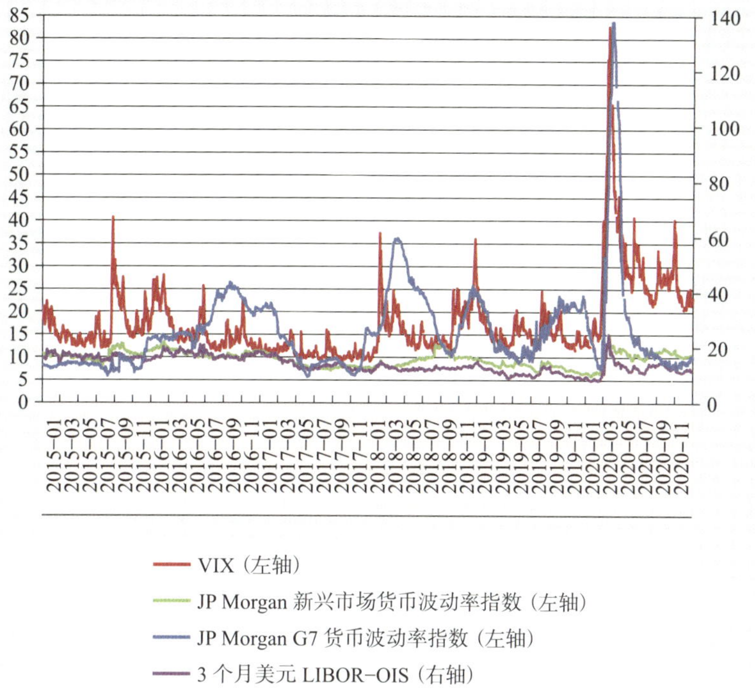

（资料来源：彭博资讯）

图 1-3　全球股票、债券和商品市场价格指数

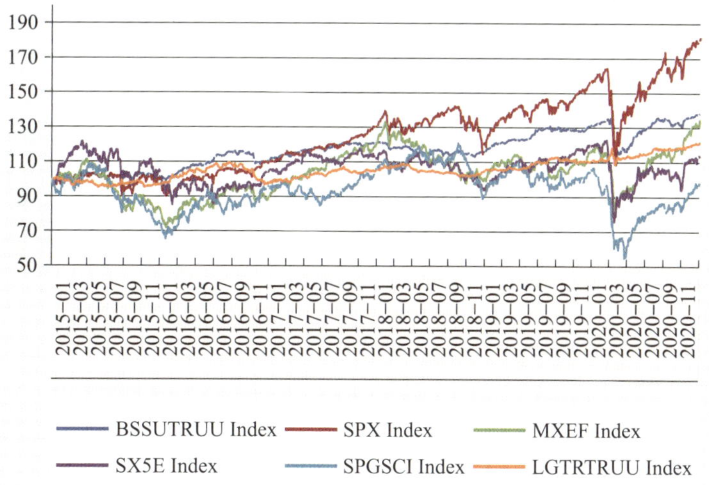

注：BSSUTRUU Index 和 LGTRTRUU Index 分别为彭博巴克莱新兴市场和发达国家主权债券指数，MXEF Index 为 MSCI 新兴市场股指，SPX Index 为美国标准普尔 500 股指，SX5E Index 为欧元区斯托克 50 股指，SPGSCI Index 为标准普尔 GSCI 商品价格指数，均以 2015 年初值为 100。

（资料来源：彭博资讯）

国内经济运行稳定恢复。面对突如其来的新冠肺炎疫情和复杂严峻的外部环境，在以习近平同志为核心的党中央坚强领导下，我国统筹疫情防控和经济社会发展取得重大战略成果，经济运行逐季改善、逐步恢复常态，对外开放水平进一步提高，脱贫攻坚战取得全面胜利，"十三五"规划主要目标任务胜利完成。国家统计局初步核算，2020 年全年国内生产总值（GDP）101.6 万亿元，按可比价格计算，较 2019 年增长 2.3%，其中，第二至第四季度 GDP 同比分别增长 3.2%、4.9% 和 6.5%；居民消费价格指数（CPI）较 2019 年上涨 0.2%（见图 1–4）。

图 1–4　我国季度 GDP 和月度 CPI 增长率

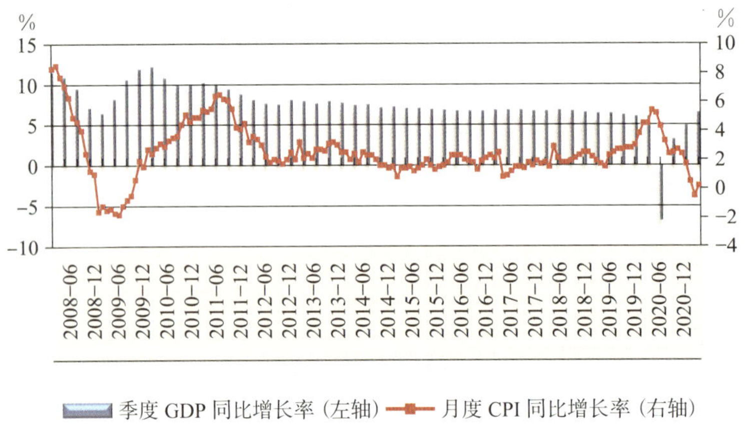

（资料来源：国家统计局）

（二）国际收支主要状况

经常账户和非储备性质的金融账户呈现"一顺一逆"。2020 年，我国经常账户顺差 2 740 亿美元，非储备性质的金融账户逆差 778 亿美元（见表 1–1）。

表 1–1　我国国际收支差额主要构成

单位：亿美元

项　目	2014 年	2015 年	2016 年	2017 年	2018 年	2019 年	2020 年
经常账户差额	2 360	2 930	1 913	1 887	241	1 029	2 740
与 GDP 之比	2.3%	2.6%	1.7%	1.5%	0.2%	0.7%	1.9%
非储备性质的金融账户差额	–514	–4 345	–4 161	1 095	1 727	73	–778
与 GDP 之比	–0.5%	–3.9%	–3.7%	0.9%	1.2%	0.1%	–0.5%

资料来源：国家外汇管理局、国家统计局。

货物贸易顺差扩大。按国际收支统计口径[①]，2020 年，我国货物贸易出口 24 972 亿美元，较 2019 年增长 5%，进口 19 822 亿美元，略降 0.6%；贸易顺差 5 150 亿美元，增长 31%（见图 1–5）。

图 1–5　经常账户主要子项目的收支状况

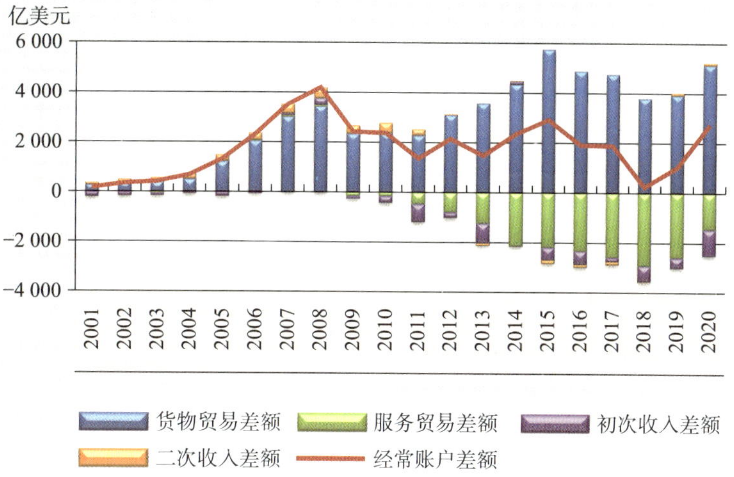

（资料来源：国家外汇管理局）

服务贸易逆差收窄。2020 年，服务贸易收入 2 352 亿美元，较 2019 年下降 4%；支出 3 805 亿美元，下降 25%；逆差 1 453 亿美元，下降 44%（见图 1–5）。其中，运输项目逆差 381 亿美元，下降 35%；旅行项目逆差 1 163 亿美元，下降 47%，体现了新冠肺炎疫情蔓延下跨境旅行支出萎缩的影响。

初次收入[②]呈现逆差。2020 年，初次收入项下收入 2 417 亿美元，较 2019 年下降 12%；支出 3 469 亿美元，增长 11%；逆差 1 052 亿美元（见图 1–5）。其中，投资收益为主要项目，我国对外投资的收益为 2 244 亿美元，外商来华投资的利润利息、股息红利等合计 3 315 亿美元，投资收益总体为逆差 1 071 亿美元。

二次收入保持小幅顺差。2020 年，二次收入项下收入 376 亿美元，较 2019 年增长 45%；支出 281 亿美元，增长 80%；顺差 95 亿美元，下降 8%（见图 1–5）。

① 国际收支统计口径的货物贸易与海关统计口径的主要差异在于：一是国际收支中的货物只记录所有权发生了转移的货物（如一般贸易、进料加工贸易等贸易方式的货物），所有权未发生转移的货物（如来料加工或出料加工贸易）不纳入货物统计，而纳入服务贸易统计；二是计价方面，国际收支统计要求进出口货值均按离岸价格记录，海关出口货值为离岸价格，但进口货值为到岸价格，因此国际收支统计从海关进口货值中调出国际运保费支出，并纳入服务贸易统计；三是补充部分进出口退运等数据；四是补充海关未统计的转手买卖下的货物净出口数据；五是调整了因特殊代工模式和计价方式差异造成的口径差异。

② 国际货币基金组织《国际收支和国际投资头寸手册》（第六版）将经常项下的“收益”名称改为“初次收入”，将“经常转移”名称改为“二次收入”。

直接投资顺差增加。按国际收支统计口径①，2020 年，直接投资顺差 1 026 亿美元，较 2019 年增长 1 倍（见图 1–6）。我国对外直接投资（资产净增加）1 099 亿美元，下降 20%；境外对我国直接投资（负债净增加）2 125 亿美元，增长 14%，说明外资对我国疫情防控成效高度认可，并看好国内经济发展前景。

证券投资保持顺差。2020 年，证券投资顺差 873 亿美元（见图 1–6），其中第一季度小幅逆差，第二季度以后恢复顺差。2020 年，我国对外证券投资（资产净增加）1 673 亿美元，较 2019 年增长 87%；境外对我国证券投资（负债净增加）2 547 亿美元，增长 73%，反映双向证券投资更趋活跃。

其他投资呈现逆差。2020 年，存贷款、贸易应收应付等其他投资逆差 2 562 亿美元（见图 1–6），发挥了平衡跨境资本流动的作用。2020 年，我国对外的其他投资净流出（资产净增加）3 142 亿美元，主要是境内外汇流动性相对充裕，境内主体的多元化资产配置需求上升；境外对我国的其他投资净流入（负债净增加）579 亿美元，2019 年为净流出（负债净减少）437 亿美元。

储备资产保持稳定。2020 年，因交易形成的储备资产（剔除汇率、价格等非交易价值变动影响）增加 280 亿美元。其中，交易形成的外汇储备上升 262 亿美元，保持基本稳定。综合考虑汇率折算、资产价格变动等因素后，截至 2020 年末，我国外汇储备余额 32 165 亿美元，较 2019 年末增加 1 086 亿美元。

图 1–6　资本和金融账户主要子项目的收支状况

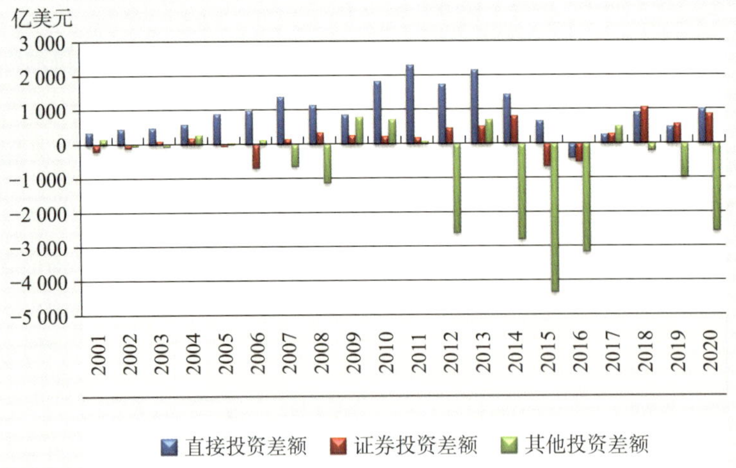

（资料来源：国家外汇管理局）

① 国际收支统计口径的直接投资与商务部统计口径的主要差异在于，国际收支统计采用资产负债原则编制和列示，商务部直接投资数据采用方向原则编制和列示，两者对反向（逆向）投资和联属企业间投资的记录原则不同。除上述原则外，国际收支统计中的直接投资负债与商务部来华直接投资的差异还在于，直接投资负债包括了外商直接投资企业的未分配利润、已分配未汇出利润、股东贷款、金融机构吸收外资等内容。

表 1-2 2020 年中国国际收支平衡表

单位：亿美元

项目	行次	2020 年
1. 经常账户	1	**2 740**
贷方	2	30 117
借方	3	-27 377
1.A 货物和服务	4	**3 697**
贷方	5	27 324
借方	6	-23 627
1.A.a 货物	7	**5 150**
贷方	8	24 972
借方	9	-19 822
1.A.b 服务	10	**-1 453**
贷方	11	2 352
借方	12	-3 805
1.A.b.1 加工服务	13	**127**
贷方	14	132
借方	15	-5
1.A.b.2 维护和维修服务	16	**43**
贷方	17	77
借方	18	-34
1.A.b.3 运输	19	**-381**
贷方	20	566
借方	21	-947
1.A.b.4 旅行	22	**-1 163**
贷方	23	142
借方	24	-1 305
1.A.b.5 建设	25	**46**
贷方	26	126
借方	27	-81
1.A.b.6 保险和养老金服务	28	**-70**
贷方	29	54
借方	30	-123
1.A.b.7 金融服务	31	**10**
贷方	32	43
借方	33	-33
1.A.b.8 知识产权使用费	34	**-292**
贷方	35	86
借方	36	-378

续表

项　目	行次	2020 年
1.A.b.9 电信、计算机和信息服务	37	**59**
贷方	38	389
借方	39	-330
1.A.b.10 其他商业服务	40	**198**
贷方	41	702
借方	42	-504
1.A.b.11 个人、文化和娱乐服务	43	**-20**
贷方	44	10
借方	45	-30
1.A.b.12 别处未提及的政府服务	46	**-11**
贷方	47	25
借方	48	-36
1.B 初次收入	49	**-1 052**
贷方	50	2 417
借方	51	-3 469
1.B.1 雇员报酬	52	**4**
贷方	53	147
借方	54	-144
1.B.2 投资收益	55	**-1 071**
贷方	56	2 244
借方	57	-3 315
1.B.3 其他初次收入	58	**16**
贷方	59	26
借方	60	-10
1.C 二次收入	61	**95**
贷方	62	376
借方	63	-281
1.C.1 个人转移	64	**4**
贷方	65	42
借方	66	-38
1.C.2 其他二次收入	67	**91**
贷方	68	334
借方	69	-244
2. 资本和金融账户	70	**-1 058**
2.1 资本账户	71	**-1**
贷方	72	2

续表

项　　目	行次	2020 年
借方	73	-2
2.2 金融账户	74	**-1 058**
资产	75	-6 263
负债	76	5 206
2.2.1 非储备性质的金融账户	77	**-778**
资产	78	-5 983
负债	79	5 206
2.2.1.1 直接投资	80	**1 026**
2.2.1.1.1 直接投资资产	81	**-1 099**
2.2.1.1.1.1 股权	82	-836
2.2.1.1.1.2 关联企业债务	83	-263
2.2.1.1.1.a 金融部门	84	-200
2.2.1.1.1.1.a 股权	85	-215
2.2.1.1.1.2.a 关联企业债务	86	14
2.2.1.1.1.b 非金融部门	87	-899
2.2.1.1.1.1.b 股权	88	-622
2.2.1.1.1.2.b 关联企业债务	89	-277
2.2.1.1.2 直接投资负债	90	**2 125**
2.2.1.1.2.1 股权	91	1 700
2.2.1.1.2.2 关联企业债务	92	425
2.2.1.1.2.a 金融部门	93	200
2.2.1.1.2.1.a 股权	94	123
2.2.1.1.2.2.a 关联企业债务	95	76
2.2.1.1.2.b 非金融部门	96	1 925
2.2.1.1.2.1.b 股权	97	1 577
2.2.1.1.2.2.b 关联企业债务	98	348
2.2.1.2 证券投资	99	**873**
2.2.1.2.1 资产	100	**-1 673**
2.2.1.2.1.1 股权	101	-1 310
2.2.1.2.1.2 债券	102	-363
2.2.1.2.2 负债	103	**2 547**
2.2.1.2.2.1 股权	104	641
2.2.1.2.2.2 债券	105	1 905
2.2.1.3 金融衍生工具	106	**-114**
2.2.1.3.1 资产	107	-69
2.2.1.3.2 负债	108	-45

续表

项　目	行次	2020 年
2.2.1.4 其他投资	109	**–2 562**
2.2.1.4.1 资产	110	**–3 142**
2.2.1.4.1.1 其他股权	111	–5
2.2.1.4.1.2 货币和存款	112	–1 304
2.2.1.4.1.3 贷款	113	–1 282
2.2.1.4.1.4 保险和养老金	114	–33
2.2.1.4.1.5 贸易信贷	115	–369
2.2.1.4.1.6 其他	116	–149
2.2.1.4.2 负债	117	**579**
2.2.1.4.2.1 其他股权	118	0
2.2.1.4.2.2 货币和存款	119	774
2.2.1.4.2.3 贷款	120	–354
2.2.1.4.2.4 保险和养老金	121	33
2.2.1.4.2.5 贸易信贷	122	76
2.2.1.4.2.6 其他	123	51
2.2.1.4.2.7 特别提款权	124	0
2.2.2 储备资产	125	**–280**
2.2.2.1 货币黄金	126	0
2.2.2.2 特别提款权	127	1
2.2.2.3 在国际货币基金组织的储备头寸	128	–19
2.2.2.4 外汇储备	129	–262
2.2.2.5 其他储备资产	130	0
3. 净误差与遗漏	131	**–1 681**

注：1. 本表根据《国际收支和国际投资头寸手册》(第六版) 编制，统计的是中国居民与非居民之间发生的一切经济交易。中国居民遵循经济体原则，不包括中国香港特别行政区、中国澳门特别行政区、中国台湾地区的机构和个人等。因此，上述三个地区与境内的贸易和投资往来属于境外与我国的交易。

2. “贷方”按正值列示，“借方”按负值列示，差额等于“贷方”加上“借方”。本表除标注“贷方”和“借方”的项目外，其他项目均指差额。

3. 本表计数采用四舍五入原则。

资料来源：国家外汇管理局。

（三）国际收支运行评价

在国内经济稳定恢复支撑下，国际收支保持基本平衡。2020 年，新冠肺炎疫情在全球蔓延，严重冲击全球经济和国际贸易，我国疫情得到有效控制，稳外贸、稳外资等政策措施积极推进，经济发展稳定恢复，有效促进了国际收支基本平衡。我国经常账户顺差有所增加，继续处于合理均衡区间；非储备性质金融账户项下资金有进有出，总体呈现逆差。外汇储备规模稳定在 3.2 万亿美元左右，全年余额波动主要受汇率折算、资产价格变化等非交易因素影响（见

图 1–7)。

图 1–7　我国国际收支主要结构

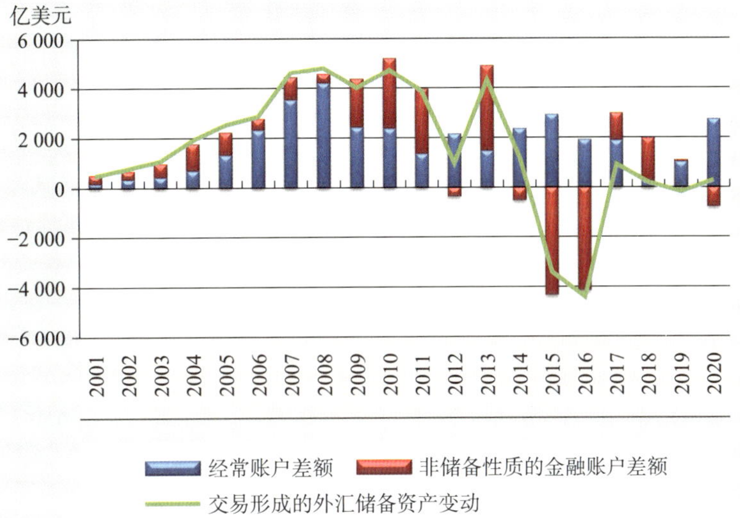

(资料来源：国家外汇管理局)

经常账户顺差增加，继续处于合理均衡区间。2020 年，我国经常账户顺差 2 740 亿美元，与 GDP 之比为 1.9%，较 2019 年上升 1.1 个百分点，仍处于合理均衡区间。其中，第一季度小幅逆差，第二季度后转为顺差并呈现较快增长。从主要构成项目看：一是货物贸易顺差呈现先抑后扬走势，较 2019 年增长 31%。第一季度国内疫情暴发影响对外生产供给，顺差规模明显回落；第二季度至第四季度我国产能率先恢复并填补全球供需缺口，防疫物资及“宅经济”出口逆势增加，国际大宗商品价格回落降低进口成本，货物贸易顺差快速回升。二是服务贸易逆差下降 44%，主要是居民跨境出行受限，旅行支出显著下降 49%。

跨境双向投融资活跃。一方面，外商来华各类投资（主要包括直接投资、证券投资、存贷款等其他投资）5 206 亿美元，较 2019 年增长 81%。其中，来华直接投资增长 14%，体现了疫情背景下我国经济稳步恢复、营商环境不断优化，对外资保持长期吸引力。来华证券投资增长 73%，主要是金融市场开放稳步推进、中国债券逐步被纳入全球主要债券指数，人民币资产更受青睐，境外投资者持有的境内债券快速增长。另一方面，我国对外各类投资 5 983 亿美元，增长 1.1 倍。其中，对外直接投资下降 20%，下半年走势趋稳；对外证券投资增长 87%，说明境内主体境外投资渠道不断拓宽，有效满足居民多元化配置境外资产的需求；跨境存贷款、同业拆借等对境外其他投资 3 142 亿美元，起到了平衡跨境资本流入的作用（见图 1–8）。

图 1-8　2020 年我国跨境资本流动结构

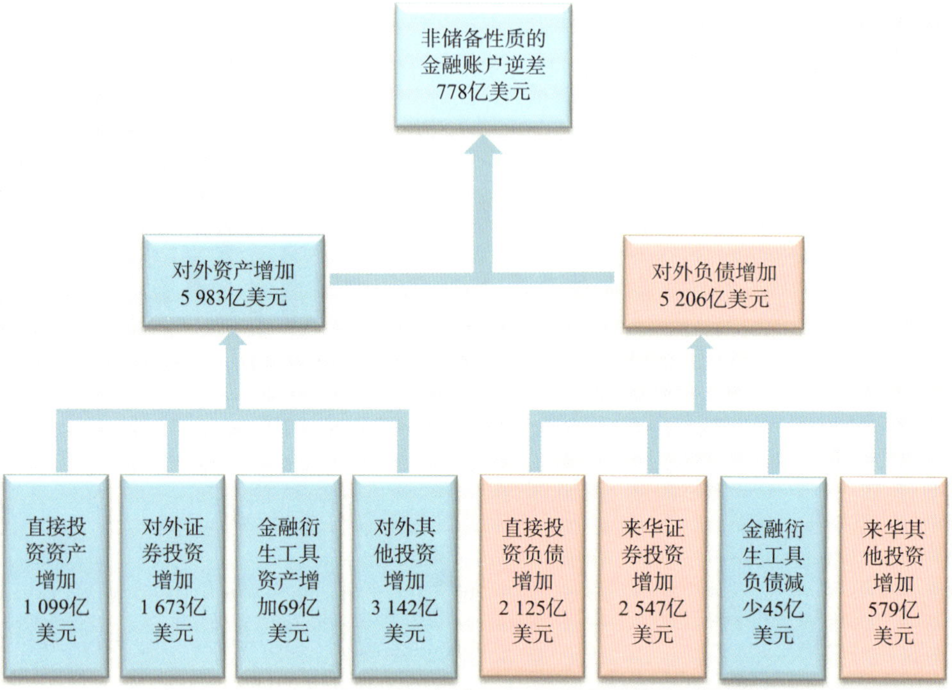

（资料来源：国家外汇管理局）

专栏 1

疫情全球蔓延下我国经常账户运行保持稳健

2020 年新冠肺炎疫情在全球蔓延，发达国家制造业活动受阻，而我国产能率先修复，经常账户顺差逆势增加，表现出较强的稳定性，体现了贸易结构优化和出口市场多元化的效果。从相对规模看，我国经常账户顺差与 GDP 之比为 1.9%，继续处于合理均衡区间。未来，随着全球经济贸易活动逐步恢复，国内经济结构持续优化，我国经常账户保持平衡的基础将进一步巩固。

一、疫情蔓延对全球主要经常账户顺差国产生不同影响

2020 年我国经常账户顺差规模逆势增加，在全球表现相对稳健。近年来全球经常账户顺差和逆差国分布集中度较高，美国、英国、加拿大、法国等发达国家是主要的经常账户逆差国，德国、日本、中国是主要的经常账户顺差国。疫情背景下，2020 年，我国经常账户顺差 2 740 亿美元，较 2019 年增长 1.7 倍，其中货物贸易顺差增长 31%；德国经常账户顺差 2 674 亿美元，较 2019 年收窄 8%，其中货物贸易顺差收窄 13%；日本经常账户顺差 1 667 亿美元，收窄 11%（见图 C1-1）。

图 C1-1 主要国家经常账户差额与 GDP 比值年度变化

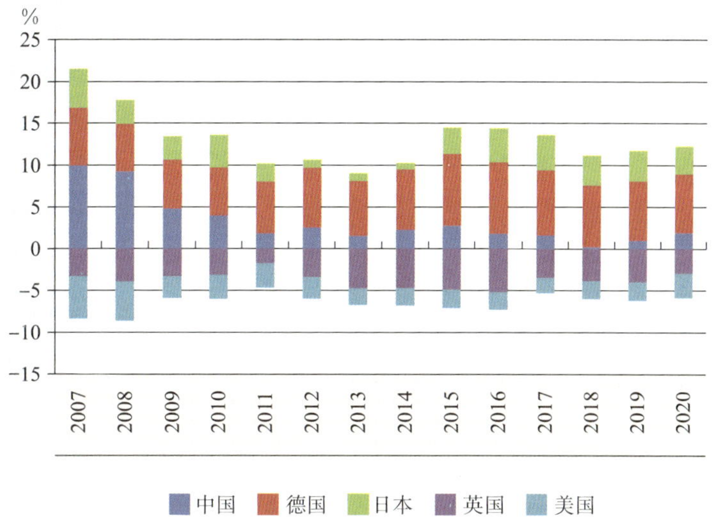

注：2020 年美国、英国为前三季度数据。
（资料来源：IMF、CEIC 数据库）

我国经常账户顺差与 GDP 之比仍处于合理区间，低于其他主要的经常账户顺差国。近年来，我国经常账户顺差从较高规模逐步趋向基本平衡，与 GDP 之比由 2007 年的 9.9% 降至 2019 年的 1% 左右，体现了国内经济结构的合理优化，也为全球经济再平衡作出积极贡献。2020 年，我国经常账户顺差与 GDP 之比小幅升至 1.9%，仍低于德国（7.0%）、韩国（4.6%）、意大利（3.6%）、日本（3.3%）、俄罗斯（2.2%）等主要的顺差国，说明当前我国经常账户保持平衡的内部基础依然稳固。

二、贸易结构和出口市场差异决定了主要国家经常账户顺差的不同走势

我国率先实现复工复产，有效填补全球供需缺口。2020 年 2 月我国制造业采购经理人指数（PMI）出现短暂回落，3 月起总体运行在荣枯线上方；同时，全球疫情蔓延影响国外生产和经济活动，3 月日本、德国 PMI 出现衰落，直至 8 ~ 9 月才逐步恢复。我国具有生产供给能力领先恢复的时间优势，使得部分外贸订单向我国集中转移。2020 年，德国、日本货物贸易出口受疫情冲击分别回落 9% 和 11%，而我国出口逆势增长 4%。

我国出口商品种类齐全、产业链条完备，抗冲击能力较强。从出口商品结构看，电脑、手机、纺织服装、家具家电等生活必需品占我国商品总出口的近四成，这种结构与疫情背景下全球防疫物资和“宅经济”需求攀升吻合，相关商品 2020 年出口增长 9%，成为拉动出口增加的主要因素。同时，近年来我国机电、电子、高新技术产品等出口也稳步提升，充分说明国内产业门类齐全，韧性和稳定性较强。相比而言，德国、日本的汽车、机械等主要出口商品全球需求萎缩，且生产依赖全球产业配套，受影响较大。

我国出口市场更加多元化，可以更好分散外部环境变化的影响。我国前三大出口市场为美国、欧盟、东盟，2020 年相关出口占我国总出口的比例分别为 17%、15% 和 15%。德国近 70% 出口集中在法国、荷兰、意大利等欧洲国家，美国作为其第二大出口市场占比为 10% 左右。受疫情全球蔓延影响，2020 年德国对美国和欧洲出口分别下降

14%和9%，而我国对美国、欧盟、东盟的出口则分别实现增长8%、7%和7%。

此外，跨境出行受限对我国服务贸易逆差收窄的影响更突出。旅行逆差是我国最主要的服务贸易逆差项目，2020年旅行逆差由2019年的近2 200亿美元下降至1 100多亿美元，对经常账户顺差增加的影响比较明显。德国旅行逆差规模较小，相关变动对其经常账户顺差的影响有限。日本是旅行净收入国家，跨境出行受限降低其旅行收入，拉低经常账户顺差。

未来，如果境外疫苗接种范围扩大并且效果明显，全球生产活动逐步恢复，世界经济平稳复苏，那么国际贸易环境将进一步改善；同时，我国经济结构调整持续推进，加快构建新发展格局，经常账户运行在合理区间的基础将更加牢固。

二

国际收支主要项目分析

（一）货物贸易

货物贸易进出口表现出较强韧性，顺差规模增长。2020年，受新冠肺炎疫情蔓延影响，全球贸易陷入低迷，根据世贸组织（WTO）统计，前三季度全球货物贸易进出口总额同比下降11%。而我国货物贸易进出口总额和顺差规模均有所上升，表现出较强韧性。据海关统计，2020年，我国进出口总额4.6万亿美元，较2019年增长2%，实现顺差5 337亿美元，增长27%。其中，第一季度国内疫情暴发影响企业生产活动，进出口顺差有所下降；第二至第四季度我国复工复产持续推进，填补全球供需缺口，顺差恢复增长。2020年，我国外贸依存度（即进出口总额/GDP）为31%，较2019年略降0.6个百分点（见图2-1）。

图2-1　进出口差额与外贸依存度

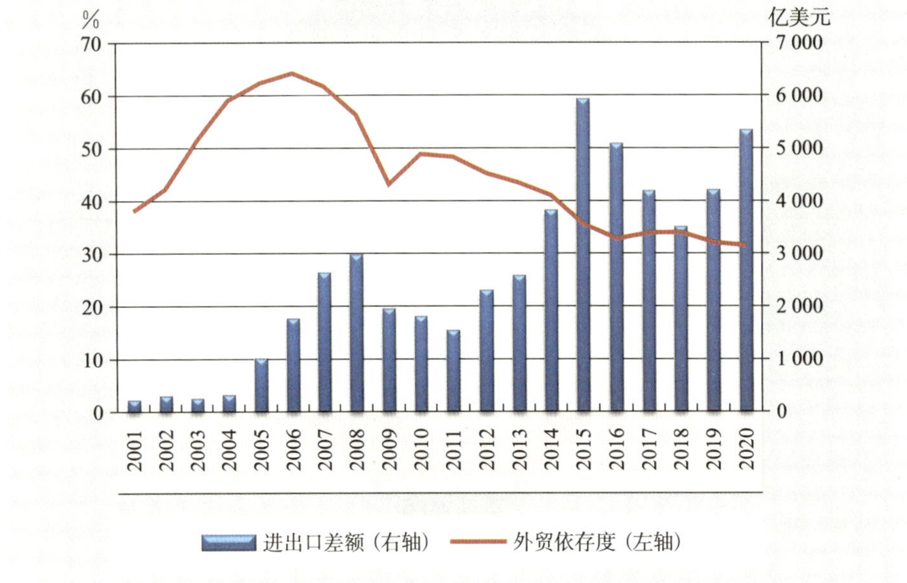

（资料来源：海关总署、国家统计局）

民营企业货物贸易进出口份额增加，第一大外贸主体地位更加巩固。2020年，民营企业货物进出口总额20 992亿美元，较2019年增长12%，占全部进出口总额的比例为45%，占比较2019年提高4个百分点；外商投资企业货物进出口总额17 976亿美元，占39%；国有企业货物进出口总额6 657亿美元，占14%。从差额看，国有企业进出口逆差2 508亿美元，收窄17%；外商投资企业、民营企业进出口顺差分别为670亿美元和7 026亿美元（见图2-2）。

图 2-2　按贸易主体货物贸易差额构成

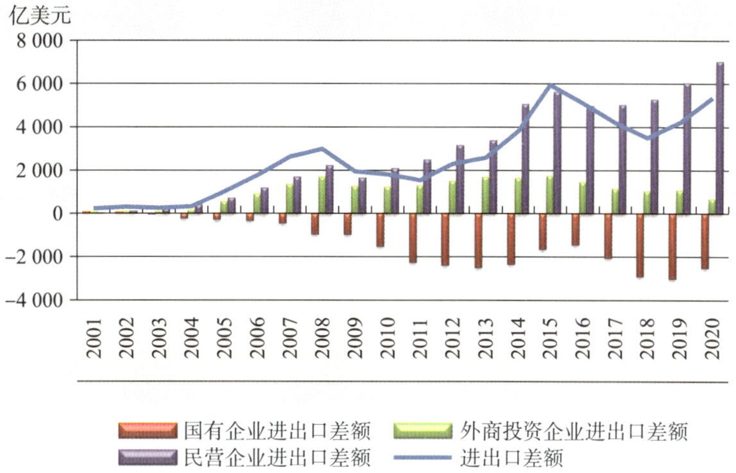

（资料来源：海关总署）

出口产品结构优化，高新技术和防疫物资商品出口明显增长。2020 年，我国高附加值产品表现出较强竞争力，高新技术产品出口合计 7 767 亿美元，较 2019 年增长 6%，高于全部出口增速 2.6 个百分点，占总出口的比重达 30%（见图 2-3）。同时，防疫物资出口快速增长，其中，包括口罩在内的纺织品出口增长 29%，医药材及药品出口增长 27%，说明我国在做好本国疫情防控的同时，也为维护国际公共卫生安全作出贡献。此外，家用电器、笔记本电脑出口分别增长 24% 和 20%，反映境外对“宅经济”相关商品需求增加。

图 2-3　高新技术和防疫物资商品出口增长

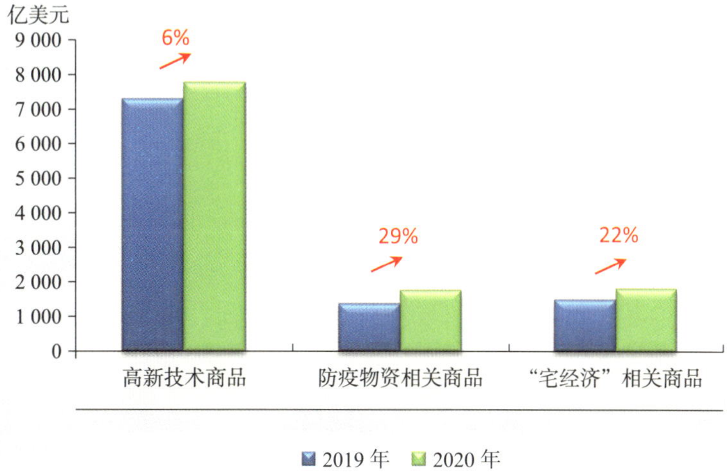

注：1. 图中高新技术商品为海关重点商品出口库中的专门分类，包含生物技术、生命科学技术、光电技术等九类商品；防疫物资相关商品是重点商品出口库中纺织纱线制品、医药材及药品两类商品的合计；“宅经济”相关商品为家用电器、笔记本电脑、平板电脑三类商品的合计。

2. 图中红箭头所标注数字为同比增速。

（资料来源：海关总署）

我国贸易伙伴更加多元，与东盟、非洲经贸往来日趋密切。从进出口总额来看，东盟从2019年第四季度开始超过欧盟和美国，成为我国第一大贸易伙伴，2020年双边进出口总额6 865亿美元，占我国进出口总额的15%，较2019年提高0.8个百分点（见图2-4）。从进出口差额来看，2020年我国对前三大贸易伙伴继续保持顺差，对美国、欧盟和东盟的顺差规模分别为3 171亿美元、1 333亿美元和838亿美元，分别占我国进出口顺差总额的59%、25%和16%。同时，我国对非洲的进出口顺差增长较快，2020年顺差达415亿美元，增长1.3倍；与"一带一路"沿线国家进出口顺差约2 206亿美元，增长17%。

图2-4 我国与主要国家和地区进出口总额占比情况

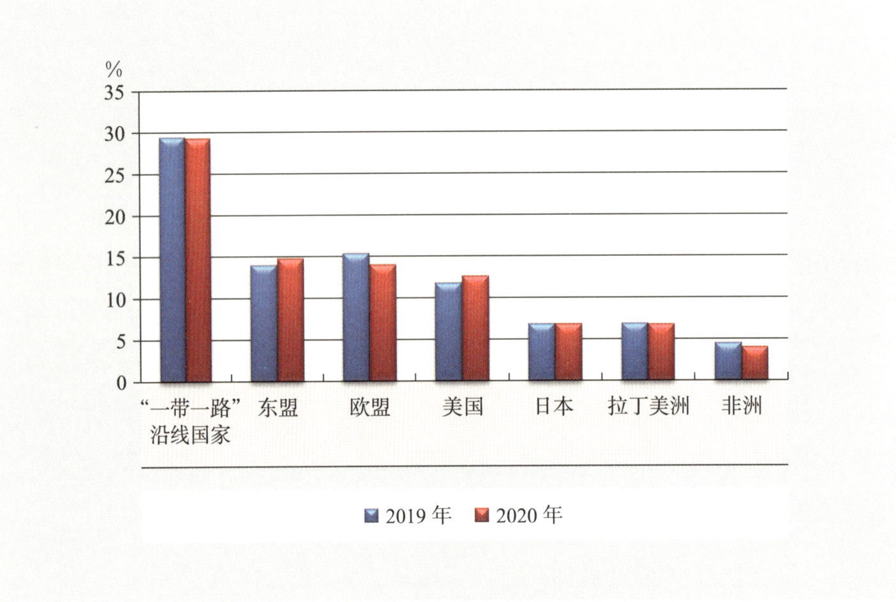

注：1. 图中占比以美元计价测算。2. "一带一路"沿线国家包括印度、俄罗斯、马来西亚等64个国家，与东盟等地区国家有重合。

（资料来源：海关总署）

（二）服务贸易

服务贸易规模下降，疫情为主要影响因素。2020年，我国服务贸易收支总额6 157亿美元，较2019年下降18%，服务贸易与货物贸易总额的比例为14%（见图2-5）。从主要项目收支规模看，疫情防控形势下人员往来出行受限，我国旅行收支总额下降50%；运输和其他商业服务收支规模与2019年基本持平；计算机相关服务及知识产权使用费收支规模分别增长16%和13%。

图 2-5　货物贸易和服务贸易收支总额比较

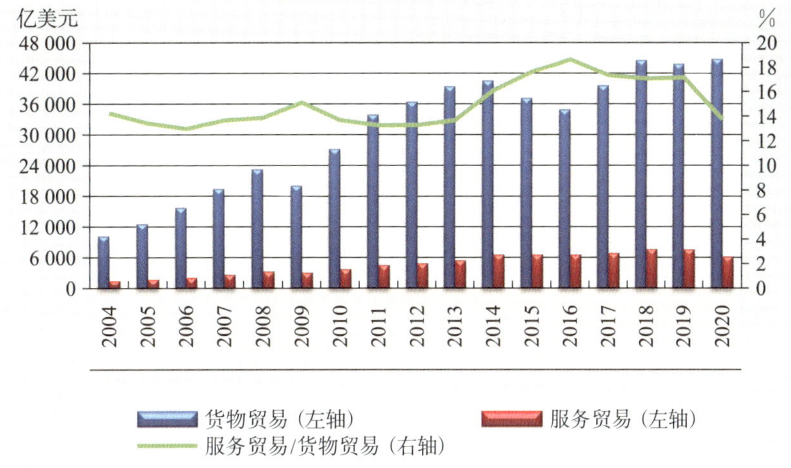

（资料来源：国家外汇管理局）

服务贸易收入小幅回落。2020 年，服务贸易收入 2 352 亿美元，较 2019 年下降 4%（见图 2-6）。占服务贸易收入比重较大的项目中，咨询服务、技术服务等其他商业服务收入 702 亿美元，增长 1%，占比 30%；受价格因素影响，运输收入 566 亿美元，增长 23%，占比 24%；电信、计算机和信息服务收入 389 亿美元，增长 11%，占比 17%。

图 2-6　服务贸易收支情况

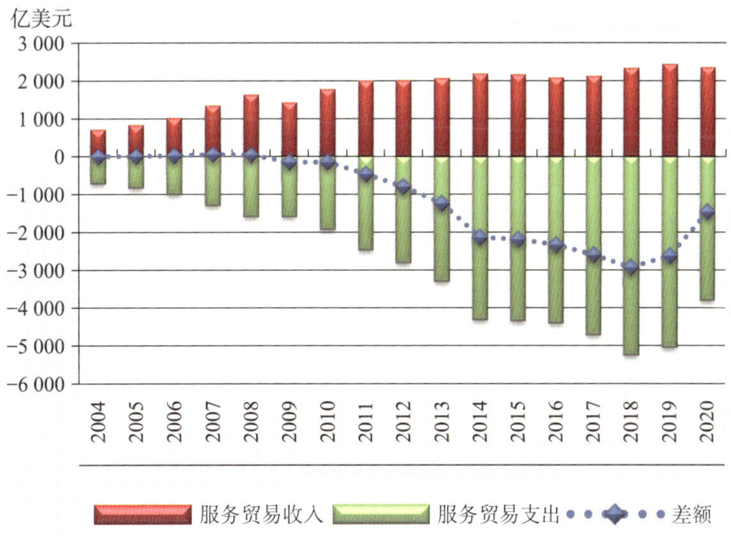

（资料来源：国家外汇管理局）

服务贸易支出降幅较大。2020年，服务贸易支出3 805亿美元，较2019年下降25%。占服务贸易支出比重较大的项目中，旅行支出1 305亿美元，下降49%，占比34%；运输支出947亿美元，下降10%，占比25%；咨询服务、技术服务等其他商业服务支出504亿美元，与2019年基本持平，占比13%。

服务贸易逆差收窄。2020年，服务贸易逆差1 453亿美元，较2019年下降44%，旅行逆差仍为服务贸易逆差主要来源（见图2-7）。全年旅行逆差1 163亿美元，下降47%。服务贸易逆差中排名第二和第三的是运输和知识产权使用费，其中运输逆差381亿美元，下降35%，体现了货物进口下降导致运输支出减少，以及出口形势向好、集装箱运费上涨使得运输收入增加的共同影响；知识产权使用费逆差292亿美元，增长5%，主要是支出增加。

图2-7 旅行项目逆差规模及其对服务贸易逆差贡献度

（资料来源：国家外汇管理局）

服务贸易区域分布集中度延续稳定。2020年，我国服务贸易前十大伙伴国（地区）依次为中国香港、美国、日本、新加坡、德国、英国、韩国、爱尔兰、加拿大和澳大利亚，与2019年基本一致，合计规模达4 607亿美元，占总服务贸易规模的75%。我国对前十大主要贸易伙伴国（地区）的服务贸易均呈逆差，除对爱尔兰外，逆差规模普遍收窄（见图2-8）。

图 2–8　2020 年我国对主要贸易伙伴服务贸易收支情况

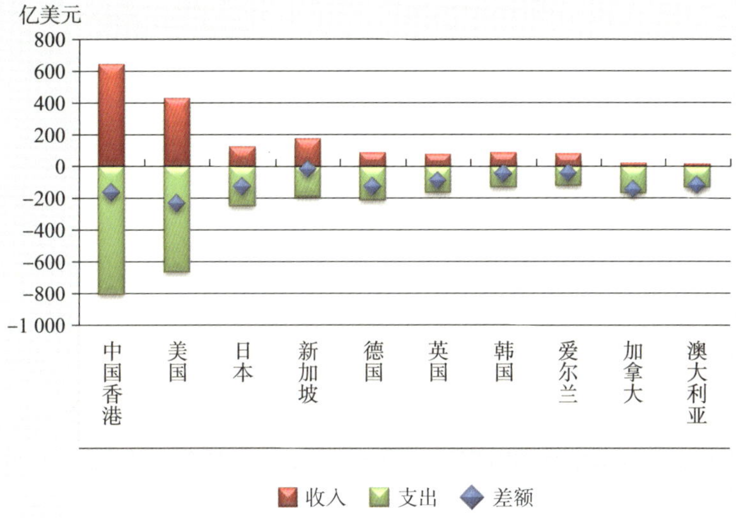

（资料来源：国家外汇管理局）

专栏 2

生产性和生活性服务贸易的国际比较分析

“十四五”规划指出，加快发展现代服务业，推动生产性服务业向专业化和价值链高端延伸，推动生活性服务业向高品质和多样化升级。近年来，我国服务业快速发展，服务贸易收支规模位居世界前列，生产性服务贸易发展有所加快。未来随着信息技术升级和数字贸易发展，我国生产性服务尤其是新兴生产性服务贸易发展潜力较大。

根据国家统计局分类，结合我国服务业发展实际，可以将与制造业紧密相关的服务纳入生产性服务，与居民消费紧密相关的服务纳入生活性服务。此外，根据资本、技术含量和附加值，生产性服务又分为传统生产性服务和新兴生产性服务（见表 C2–1）。

表 C2–1　生产性、生活性服务业与国际收支交易项目对应情况

生产性服务业	加工服务；运输服务；建设；保险服务；金融服务；电信、计算机和信息服务；其他商业服务；维修服务；知识产权使用费；政府服务
传统生产性服务业	加工服务、运输服务、建设、维修服务、政府服务
新兴生产性服务业	保险服务；金融服务；电信、计算机和信息服务；其他商业服务；知识产权使用费
生活性服务业	旅行、文化和娱乐服务

一、全球生产性和生活性服务贸易的发展情况

全球服务贸易以生产性为主，新兴生产性服务贸易占比不断提高。近年来，在高科技迅猛发展和全球化政策红利带动下，生产性服务贸易收支规模占比稳步增长，并逐渐

稳定在75%左右（见图C2-1）。随着信息技术转型升级，生产性服务由资源劳动密集型向知识技术密集型转变。1980—2019年，全球新兴生产性服务贸易收支规模占服务贸易总规模的比重从27%提高至50%，传统生产性服务贸易收支规模占比从47%降至25%。

图C2-1　全球生产性及生活性服务贸易收支规模情况

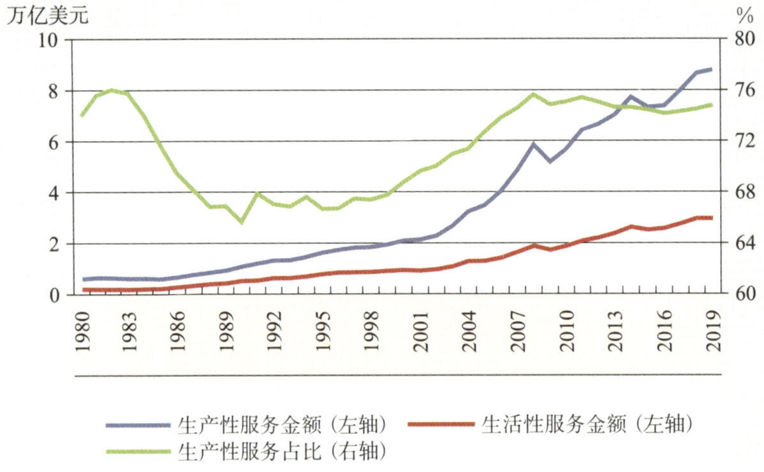

（资料来源：世界贸易组织）

发达国家生产性服务贸易占比较高，均在七成以上。总体来看，美国、德国和日本服务贸易结构演变基本一致，均为经济发展和技术变革推动生产性服务贸易收支规模占比提升，并在近十年逐渐稳定在七成以上。美国以生产性服务贸易为主导且波动较小，2002年至今占比始终稳定在75%左右，且随着其现代信息技术产业迅速发展，新兴生产性服务贸易收支规模占服务贸易总规模的比重不断提高，2019年占比增至55%。德国生产性服务贸易收支规模稳中有升并逐渐成为发展引擎，1980—2019年，其占比从66%增至80%，其中新兴生产性服务贸易收支规模占比从25%增至53%。日本生产性服务贸易收支规模占比先降后升并保持在八成以上，其中20世纪80年代生活性服务贸易占比不断提升，21世纪后随着人口下降和工业化信息化发展，生产性服务贸易占比不断提高，近几年均为85%左右。

二、我国生产性和生活性服务贸易的演变过程

2016年以前我国生产性服务贸易占比总体呈波动下行态势。20世纪八九十年代，我国经济社会产业基础偏弱，服务贸易受限多、规模小，结构波动较大，1982—1999年，我国服务贸易收支规模从47亿美元增至610亿美元。21世纪后，我国对外开放程度提升，生产性服务贸易加速发展，占比在2008年达到近年峰值76%。此后，生产性服务收支占比有所下降，2016年降至54%，生活性服务贸易尤其是支出提升较快，主要是随着我国居民收入增长和消费水平提升，出境旅游和留学相关支出快速增加（见图C2-2）。

图 C2-2　我国生产性及生活性服务贸易收支规模演化

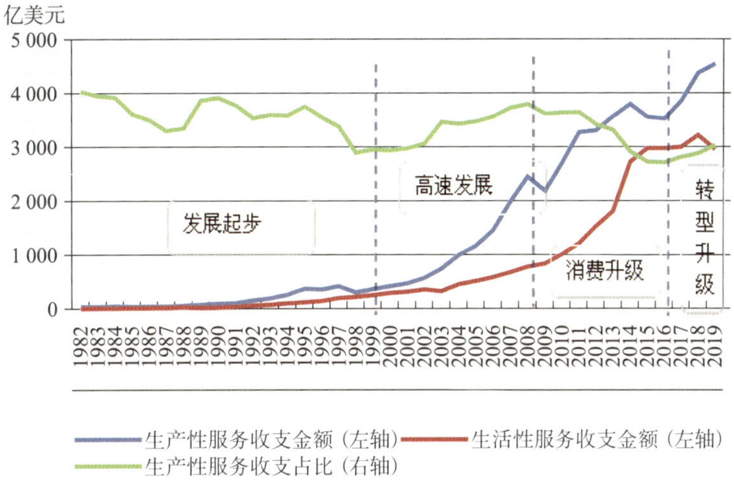

（资料来源：世界贸易组织）

近年来我国生产性服务贸易占比稳步提升。2016 年以后，随着信息技术更迭和产业转型升级，我国生产性服务贸易持续发展，占比逐渐增加，2019 年为 61%，较 2016 年上升 7 个百分点；生活性服务贸易收支规模逐渐趋于稳定（见图 C2–2）。当前，我国生产性服务贸易占比仍低于全球水平，但近年来占比提升与 20 世纪 80 年代日本和 90 年代德国走势相一致，体现了经济发展阶段的必然结果。

我国新兴生产性服务贸易发展速度快，潜力较大。2019 年我国新兴生产性服务贸易收支规模占服务贸易总规模的 33%，而美国、德国、日本占比分别为 55%、53% 和 60%。但随着信息技术升级和数字贸易发展，我国新兴生产性服务贸易前景广阔。近十年我国新兴生产性服务贸易收支规模年均增速为 8%，其中计算机服务和知识产权使用费收支规模年均增速分别为 17% 和 13%，而美国、德国和日本新兴生产性服务贸易收支规模年均增速分别为 4.6%、5.5% 和 6.6%。

随着加快构建新发展格局，“十四五”期间我国将推动全产业链优化升级，充分利用技术创新提升生产性服务业的国际竞争力，助力我国现代服务业高质量发展。

（三）直接投资

直接投资延续净流入[①]。2020 年，我国国际收支口径的直接投资净流入 1 026 亿美元（见图 2–9），较 2019 年增长 1 倍。

① 直接投资净流动指直接投资资产净增加额（资金净流出）与直接投资负债净增加额（资金净流入）之差。当直接投资资产净增加额大于直接投资负债净增加额时，直接投资项目为净流出。反之，则直接投资项目为净流入。

图 2-9　直接投资基本情况

（资料来源：国家外汇管理局）

对外直接投资下降。2020 年，我国对外直接投资（资产净增加[①]）1 099 亿美元，较 2019 年下降 20%（见图 2-10），主要是上半年受境外疫情快速蔓延影响，对外投资受阻，下半年以来逐步恢复。

图 2-10　对外直接投资状况

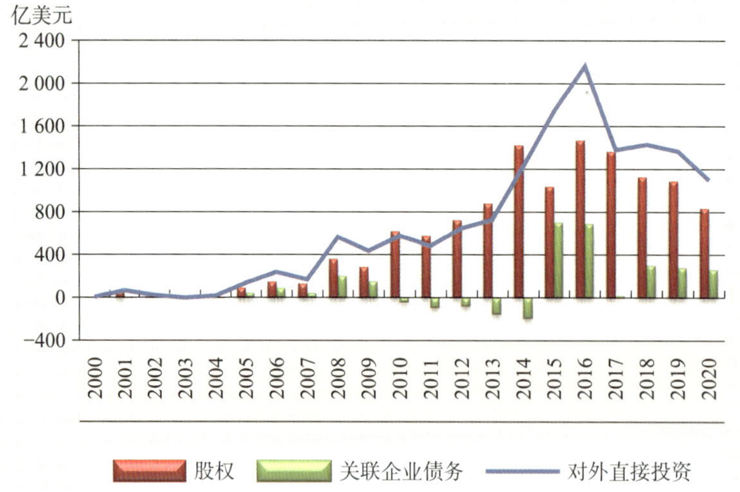

（资料来源：国家外汇管理局）

从投资形式看，以对外股权投资为主，对境外关联企业贷款为辅。一是对外股权投资 836

① 直接投资资产以我国对外直接投资为主，但也包括少量境内外商投资企业对境外母公司的反向投资，以及境内外联属企业间投资。直接投资资产交易净增加，在国际收支平衡表中呈现为负值，表示净流出。

亿美元，较 2019 年下降 23%，其中上半年同比下降 35%，下半年降幅收窄至 10%。**二是**对境外关联公司贷款净流出 263 亿美元，下降 6%。2020 年上半年和下半年分别净流出 90 亿美元和 173 亿美元，境内主体跨境借贷投资总体保持稳定。

分部门看，我国非金融部门和金融部门对外直接投资“一降一升”。**一是**非金融部门对外直接投资 899 亿美元，较 2019 年下降 25%，主要是利润再投资下降。境内企业“走出去”的首站目的地集中于中国香港。在“走出去”的行业中，制造业占比 39%，保持首位（见图 2-11）。**二是**金融部门对外直接投资 200 亿美元，增长 14%，近六成来自银行部门。

图 2-11　2020 年我国非金融部门对外直接投资分布情况
（按投资目的地、国内行业划分）

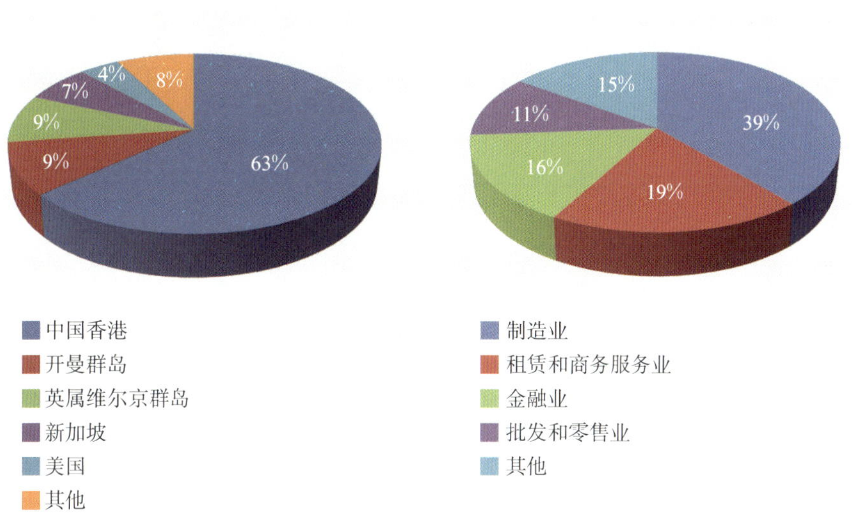

（资料来源：国家外汇管理局）

外商来华直接投资增长。2020 年，外商来华直接投资（负债净增加①）2 125 亿美元，较 2019 年增长 14%。根据联合国贸发会议报告，2020 年我国成为全球最大的外资流入国，国内经济率先恢复、“稳外资”政策措施积极推进，发挥了稳定外商投资预期和信心的作用。

从投资形式看，来华股权投资和吸收关联企业贷款均有增长。**一是**来华股权投资净流入 1 700 亿美元（见图 2-12），增长 5%，其中资本金形式的股权投资和利润再投资均增加，在国内率先复工复产背景下外商投资企业的盈利状况总体向好。**二是**接受境外关联公司贷款 425 亿美元，增长 70%，主要是下半年净流入 287 亿美元，同比增长 1.2 倍。

① 直接投资负债以吸收来华直接投资为主，也包括少量境外子公司对境内母公司的反向投资，以及境内外联属企业间投资。直接投资负债交易净增加，在国际收支平衡表中呈现为正值，表示净流入。

图 2-12　来华直接投资状况

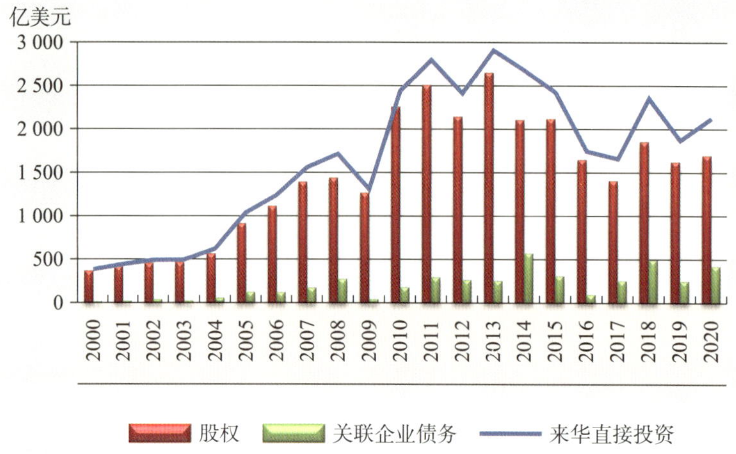

（资料来源：国家外汇管理局）

分部门看，我国非金融部门吸收来华直接投资 1 925 亿美元，占来华直接投资净流入的九成。其中，租赁和商业服务业是我国非金融部门吸收直接投资最多的行业，占比 18%。信息技术服务业和制造业位居我国非金融部门吸收直接投资的第二和第三位，分别占比 17% 和 16%。同时，我国非金融部门吸收直接投资主要来自中国香港，占比八成；其次是新加坡和开曼群岛，两者合计占比 10%。从金融部门看，吸收来华直接投资 200 亿美元，增长 9%。

（四）证券投资

证券双向投资净额均创历史新高。2020 年，我国证券投资项下净流入[①]873 亿美元。其中，对外证券投资净流出 1 674 亿美元，来华证券投资净流入 2 547 亿美元，均为 1982 年有国际收支统计以来的年度最高值（见图 2-13），证券投资项下跨境资金双向流动活跃。

① 2020 年国际收支平衡表中“证券投资”项目为正值（净流入），在于来华证券投资净流入大于我国对外证券投资净流出。

图 2-13　跨境证券投资净额

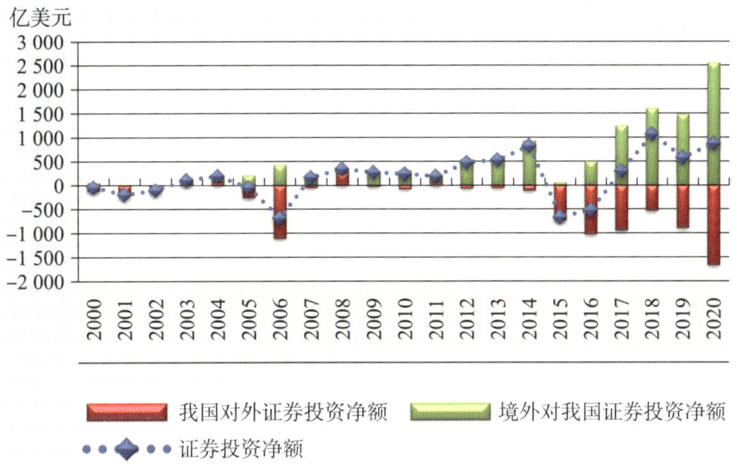

注：我国对外证券投资正值表示减持对外股权或债券，负值表示增持对外股权或债券；境外对我国证券投资正值表示增加对国内股权或债权投资，负值表示减少对国内股权或债券投资。

（资料来源：国家外汇管理局）

对外证券投资以股权投资为主。2020 年，我国对外证券投资净流出（资产净增加）1 674 亿美元，较 2019 年增长 87%。其中，股权投资 1 310 亿美元，增长 3.5 倍。分季度看，四个季度对外证券投资净流出虽有波动，但均维持在较高水平，分别为净流出 515 亿美元、236 亿美元、357 亿美元和 566 亿美元。

从对外证券投资的渠道看，**一是**我国居民通过“港股通”和“基金互认”等渠道净购买境外证券 866 亿美元，增长 1.7 倍；**二是**境内各类金融机构净购买境外证券 826 亿美元，增长 45%；**三是**净增持境外银行承兑远期信用证（附汇票）2 亿美元，下降 22%。此外，我国居民净减持非居民境内熊猫债 24 亿美元。对外证券投资主要投向中国香港。2020 年恒生 AH 溢价指数维持在近十年高位。从市盈率、市净率等指标看，香港地区股市处于估值洼地，吸引全球投资者增配港股。

来华证券投资以债券投资为主。2020 年，境外对我国证券投资净流入（负债净增加）2 547 亿美元，较 2019 年增长 73%。其中，境外对我国债券投资净流入 1 905 亿美元，增长 86%；股权投资净流入 641 亿美元，增长 43%。分季度看，第一季度来华证券投资受疫情影响为净流出 17 亿美元；第二至第四季度转为净流入且规模逐季攀升，分别为净流入 660 亿美元、796 亿美元和 1 108 亿美元。

从境外对我国证券投资的主要渠道看，**一是**境外机构投资境内债券市场（包含“债券通”和银行间债券市场直接入市）1 792 亿美元，增长 1.2 倍，其投资主力为境外央行、银行等稳健型投资者；**二是**非居民购买我国机构境外发行的股票、债券 389 亿美元，增长 74%；**三是**通过“沪股通”和“深股通”渠道净流入资金 306 亿美元，下降 39%；**四是**通过合格境外机构投资者（QFII/RQFII 等）渠道净流入 111 亿美元，2019 年为净流出 29 亿美元。此外，银行承兑远期信用证（附汇票）形成资金净流出 51 亿美元，增长 50%。

境外投资境内证券市场规模显著提升，主要在于：**一是**我国经济基本面率先恢复，2020年我国成为全球唯一实现正增长的主要经济体，外资对我国中长期经济发展前景预期良好。**二是**我国实施稳健的货币政策，债券收益率在全球主要国家中表现相对突出。**三是**我国推进金融市场高水平双向开放，为境内外投资者跨境配置资产创造了良好环境和条件。截至2020年底，我国债券已被全球三大主要债券指数提供商正式纳入或宣布纳入相关指数。

专栏3

"十三五"期间我国证券投资双向开放提速

2020年是"十三五"规划收官之年，也是我国资本市场建立运行的第三十年。"十三五"期间，外汇局认真贯彻落实党中央、国务院关于推动形成全面开放新格局的部署要求，证券市场双向开放步伐明显加快。2016年，"深港通"正式开通；2017年，"债券通"北向正式开通；2018年，以原油期货为代表的境内期货市场开始对外开放，A股被纳入MSCI指数；2019年，取消QFII/RQFII投资额度限制，"沪伦通"正式落地；2020年，进一步扩大QFII/RQFII投资范围、放宽准入要求，明确资金管理要求，富时罗素WGBI指数纳入中国国债取得重要进展，境外红筹企业回归境内科创板上市。

外资持续净买入境内证券，持有境内证券市值稳步上升。"十三五"期间，伴随进一步便利境外投资者参与境内证券投资，外资净流入和持有境内证券市值规模均显著增长。2016—2020年，外资净买入境内股票和债券6 150亿美元。其中，净买入A股1 507亿美元，主要通过"沪（深）港通"渠道；净买入境内债券4 643亿美元，主要通过"债券通"、银行间债券市场直接投资渠道。截至2020年底，外资持有境内债券和股票市值10 542亿美元，是2015年末外资持有规模的4.7倍。其中：持有境内股票市值5 420亿美元，是2015年的5.3倍，占A股流通总市值的5.3%，较2015年末提高3.8个百分点；持有境内债券市值5 122亿美元，是2015年的4.2倍，占全市场债券托管总量的3%，较2015年末提高1.4个百分点。

境内投资者布局海外市场，境外投资需求进一步满足。在"引进来"的同时，积极支持境内投资者"走出去"，"十三五"期间外汇局共累计发放QDII额度268亿美元，"港股通"投资标的进一步扩容，境内投资者对外证券投资稳步增长。2016—2020年，境内投资者净买入境外证券2 182亿美元。其中，通过"港股通"净买入港股2 039亿美元；通过QDII渠道净买入境外证券143亿美元。截至2020年底，境内投资者持有境外证券市值4 039亿美元，是2015年的5.4倍。其中，"港股通"渠道持有境外证券市值3 213亿美元，是2015年的25.2倍；QDII渠道持有境外证券市值826亿美元，是2015年的1.3倍。

总体来看，"十三五"期间我国证券投资双向开放局面进一步形成。一方面，便利"引进来"，不断提高投融资自由化便利化水平，为外资投资中国金融市场创造了更好的制度环境；另一方面，兼顾"走出去"，拓宽境内投资者开展全球跨境证券投资的渠道和供给，切实满足境内投资者全球资产配置的需求。当前证券投资双向开放格局有利于在“十四五”时期加快构建以国内大循环为主体、国内国际双循环相互促进的新发展格局，也将为跨境资本双向均衡流动提供政策保障和开放环境。

（五）其他投资

其他投资呈现逆差。2020 年，我国其他投资项下净流出（净资产增加）2 562 亿美元（见图 2–14），其中，货币和存款净流出 530 亿美元，贷款净流出 1 636 亿美元，贸易信贷净流出 294 亿美元，其他应收应付表现为净流出 98 亿美元。

图 2–14　其他投资净额

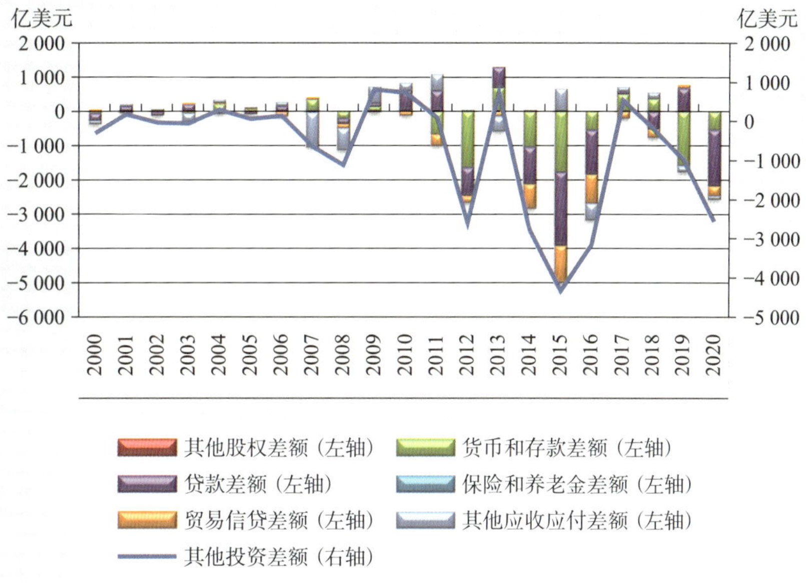

（资料来源：国家外汇管理局）

对境外其他投资增加。2020 年，我国对境外其他投资净流出（资产净增加）3 142 亿美元。其中，存款净流出 1 304 亿美元，增长 28%，主要是流动性宽松背景下，银行增加了对境外的拆借，以及企业存放境外存款增加；贷款资产净增加 1 282 亿美元，而 2019 年为净减少 260 亿美元；出口增加带动出口应收等贸易信贷资产净流出 369 亿美元，2019 年为净流入 368 亿美元；其他应收资产净流出 149 亿美元，增长 12%。

吸收其他投资恢复净流入。2020 年，我国吸收其他投资净流入（负债净增加）579 亿美元，2019 年为净流出（负债净减少）437 亿美元。其中，非居民存款净流入 774 亿美元，2019 年为净流出 557 亿美元，主要是吸收非居民企业和个人的存款增加；我国获得境外贷款净流出 354 亿美元，2019 年为净流入 425 亿美元；企业进口应付等贸易信贷负债净流入 76 亿美元，2019 年为净流出 288 亿美元；其他应付负债净流入 51 亿美元，2019 年为净流出 35 亿美元。

专栏 4

如何看待我国国际收支平衡表金融账户逆差

2020 年，我国国际收支延续新的平衡模式，即经常账户顺差，非储备性质的金融账户逆差，外汇储备规模保持基本稳定。理解这一变化，需要对国际收支的金融账户，特别是非储备性质的金融账户进行全新认识。

近年来我国国际收支形成自主平衡格局，储备资产基本稳定，使得经常账户与非储备性质的金融账户呈现镜像关系。在此格局下，经常账户呈现顺差，非储备性质的金融账户则呈现逆差；反之，经常账户呈现逆差，非储备性质的金融账户则呈现顺差。近年来，随着人民币汇率双向波动、弹性增强，市场主体的各类国际收支交易有进有出，有来有往，支持了当前经常账户小幅顺差、非储备性质的金融账户小幅逆差的国际收支自主平衡格局。

非储备性质的金融账户呈现逆差，主要是我国私人部门正在不断累积对外资产。在我国国际收支平衡表金融账户中，对外净资产（资产变动 – 负债变动）增加用负值表示，对外净资产减少用正值表示。当对外资产增加额大于对外负债增加额时，流量上对外净资产将呈现负值。这可以理解为我国对外支付的资金大于从境外流入的资金，我国得以不断累积对外净资产。2020 年，我国非储备性质的金融账户逆差 778 亿美元，主要在于我国私人部门对外各类投资较多，具体看：一是境内居民对外证券投资增加，多元化资产配置需求较强；二是对外直接投资总体理性有序；三是银行对外存贷款增多，主要是经常账户保持顺差使得境内外汇流动性相对充裕。同期，来华直接投资、证券投资、其他投资等全部对外负债均为净流入，未出现对外债务去杠杆。可见，国际收支平衡表的各项目有顺差也有逆差，最终结果是我国私人部门增加了对外净资产。

对外投资的增加带来收益收入，进一步扩充了我国的对外资产。与外资布局我国、分享我国的经济发展成果类似，随着我国综合国力的提升，我国对外投资不仅"走出去"，同时也会带来利润、利息和股息等投资收益。2000—2020 年，我国对外投资收益由 123 亿美元增至 2 244 亿美元。这些对外投资收益收入，一方面成为经常账户收入的重要组成部分，另一方面也增加了我国的对外资产。

现阶段我国国际收支平衡的内在结构较为合理。近年来，我国国际收支进入自主平衡时期后，经常账户总体表现为基本平衡、略有盈余的状态，决定了国际收支整体结构的稳健性；金融账户下也未出现持续、高频、大规模的资金净流出，金融市场开放吸引境外资本流入，境内主体持有的境外资产同步增多，跨境资本流动相对均衡，储备资产总体稳定。未来，我国经济结构优化、制造业转型升级、对外开放稳步推进等基本面保持不变，继续为国际收支自主平衡提供根本支撑。

三

国际投资头寸状况

对外金融资产和负债[①]均有所增长。2020年末，我国对外金融资产87 039亿美元，较2019年末（下同）增长11%；对外负债65 536亿美元，增长18%；对外净资产21 503亿美元，继续保持在较高水平（见图3-1和表3-1）。

图3-1　对外金融资产、负债及净资产状况

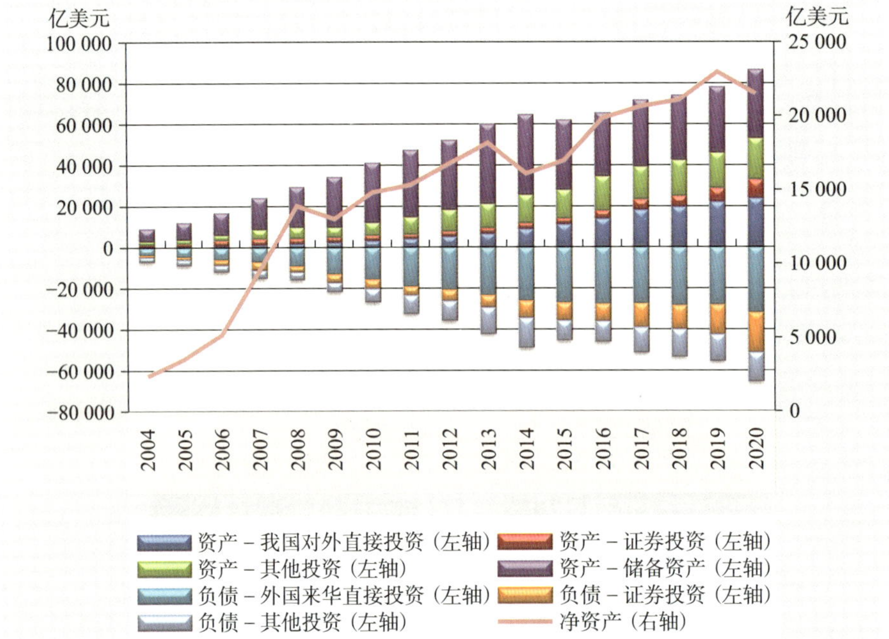

（资料来源：国家外汇管理局）

表3-1　2020年末中国国际投资头寸表

单位：亿美元

项　目	行次	2020年末
净头寸[①]	**1**	**21 503**
资产	**2**	**87 039**
1. 直接投资	**3**	**24 134**
1.1 股权	4	20 844
1.2 关联企业债务	5	3 290
1.a 金融部门	6	3 077
1.1.a 股权	7	2 990
1.2.a 关联企业债务	8	87
1.b 非金融部门	9	21 057
1.1.b 股权	10	17 854

① 对外金融资产和负债包括直接投资、证券投资及存贷款等其他投资。之所以对外直接投资属于金融资产范畴，是因为境内投资者持有的是境外被投资企业的股权以及与境外被投资企业各类往来资产，这与证券投资中的股权投资、债权投资以及存贷款其他投资等无本质区别，只是直接投资通常持股比例较高，意在影响或控制企业的生产经营活动。反之，外来直接投资则属于对外金融负债范畴，也是境外投资者对外商投资企业的权益。

② 净头寸是指资产减负债，“+”表示净资产，“-”表示净负债。本表记数采用四舍五入原则。

续表

项　　目	行次	2020 年末
1.2.b 关联企业债务	11	3 203
2 . 证券投资	**12**	**8 999**
2.1 股权	13	6 043
2.2 债券	14	2 955
3 . 金融衍生工具	**15**	**191**
4 . 其他投资	**16**	**20 149**
4.1 其他股权	17	89
4.2 货币和存款	18	4 865
4.3 贷款	19	8 389
4.4 保险和养老金	20	166
4.5 贸易信贷	21	5 972
4.6 其他应收款	22	668
5 . 储备资产	**23**	**33 565**
5.1 货币黄金	24	1 182
5.2 特别提款权	25	115
5.3 在国际货币基金组织的储备头寸	26	108
5.4 外汇储备	27	32 165
5.5 其他储备	28	−5
负债	**29**	**65 536**
1 . 直接投资	**30**	**31 793**
1.1 股权	31	28 814
1.2 关联企业债务	32	2 979
1.a 金融部门	33	1 826
1.1.a 股权	34	1 627
1.2.a 关联企业债务	35	199
1.b 非金融部门	36	29 967
1.1.b 股权	37	27 187
1.2.b 关联企业债务	38	2 780
2 . 证券投资	**39**	**19 545**
2.1 股权	40	12 543
2.2 债券	41	7 002
3. 金融衍生工具	**42**	**122**
4. 其他投资	**43**	**14 076**
4.1 其他股权	44	0
4.2 货币和存款	45	5 266
4.3 贷款	46	4 555
4.4 保险和养老金	47	167
4.5 贸易信贷	48	3 719
4.6 其他应付款	49	267
4.7 特别提款权	50	101

资料来源：国家外汇管理局。

对外资产中储备资产继续居首位，民间部门持有资产占比进一步增长。2020 年末，我国对外金融资产中，国际储备资产余额为 33 565 亿美元，较 2019 年末增长 4%。储备资产占我国对外金融资产总额的 39%，继续占据对外资产首位，不过比重较 2019 年末下降 2.5 个百分点；直接投资资产 24 134 亿美元，占资产总额的比重为 28%，下降 0.8 个百分点；证券投资资产 8 999 亿美元，占比 10%，提高 2 个百分点；金融衍生工具资产 191 亿美元，占比 0.2%；存贷款、贸易信贷等其他投资资产 20 149 亿美元，占比 23%，提高 1.2 个百分点（见图 3-2）。

图 3-2　我国对外资产结构变化

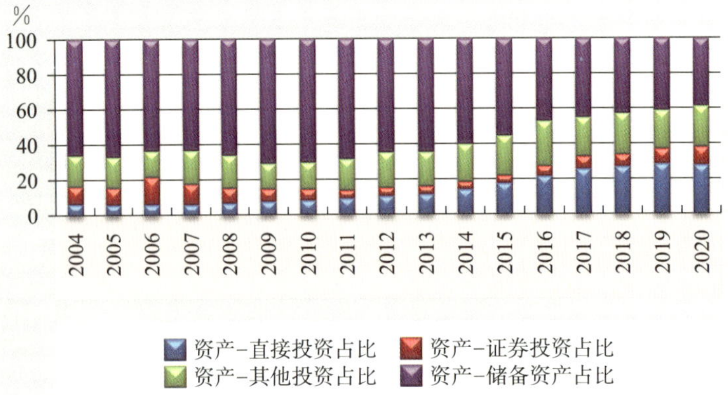

（资料来源：国家外汇管理局）

对外负债以外商来华直接投资为主，境内股票和债券市场外资占比提升。2020 年末，我国对外负债中，外商来华直接投资[①] 31 793 亿美元，较 2019 年末增长 14%，规模继续位列对外负债首位，占比较 2019 年末下降 2 个百分点至 49%。来华证券投资 19 545 亿美元，占比 30%。境外对我国境内证券市场投资规模不断上升，2020 年末持仓市值 10 542 亿美元，其中股票持仓量占 A 股流通总市值的 5.3%，债券持仓量占境内债券托管总量的 3%，分别较 2019 年末提高 1 个和 0.7 个百分点。存贷款等其他投资负债 14 076 亿美元，占比 21%，下降 1.8 个百分点（见图 3-3）。

① 外商来华直接投资存量包括我国非金融部门和金融部门吸收来华直接投资存量，并反映了价值重估因素影响。

图 3-3　我国对外负债结构变化

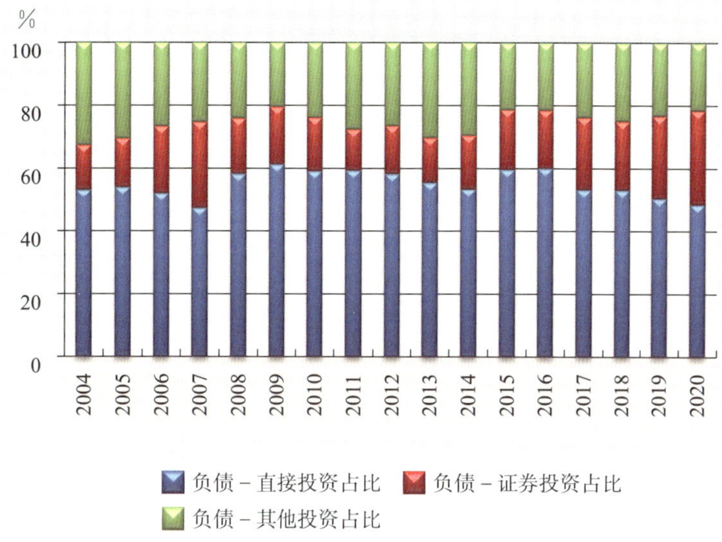

（资料来源：国家外汇管理局）

对外和来华双向投资收益总体稳定。从来华投资收益看，2020 年吸收外国投资收益支出 3 315 亿美元，收益率稳定在 5.5% 左右（见图 3-4）。我国成为全球唯一实现正增长的主要经济体，外商投资企业利润状况整体向好；同时，国内货币政策保持正常化，人民币资产收益率相对稳定，股权和债权类资产获得外国投资者青睐。从对外投资收益看，面对世界经济严重衰退、主要经济体负利率的严峻外部环境，境内主体坚持多元化原则分散风险，对外投资收益收入 2 244 亿美元，保持稳定规模。

图 3-4　我国对外资产和负债收益率变化

注：1. 资产（或负债）收益率 = $\frac{\text{年度投资收益收入（或支出）}}{\text{〔上年末 + 本年末对外资产（或负债）存量〕/2}}$

2. 资产负债收益率差异 = 资产收益率 – 负债收益率

（资料来源：国家外汇管理局）

四

外汇市场运行与人民币汇率

（一）人民币汇率走势

人民币对美元汇率双向波动。2020年末，人民币对美元汇率中间价为6.5249元/美元，全年243个交易日中140个交易日升值、103个交易日贬值，日均隔日波幅由2019年的0.12%上升至0.18%，境内市场（CNY）和境外市场（CNH）维持窄幅价差（见图4-1）。2020年，尽管国际金融市场剧烈震荡，人民币对美元汇率在合理均衡水平上保持基本稳定，在全球货币中表现稳健（见图4-2）。

图4-1　2020年境内外人民币对美元即期汇率走势

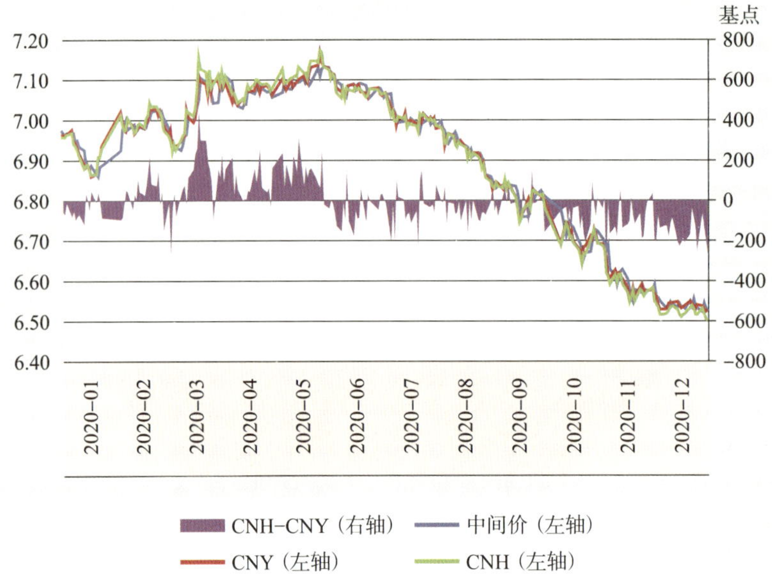

（资料来源：中国外汇交易中心、路孚特）

图 4-2　2020 年全球主要发达经济体和新兴市场货币对美元双边汇率变动

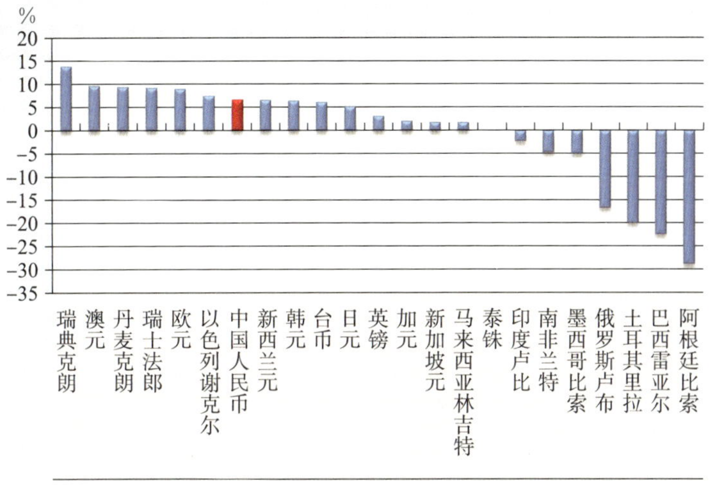

（资料来源：彭博资讯）

人民币对国际主要货币汇率有升有贬。2020 年末，人民币对欧元、日元、英镑、澳元、加元、瑞士法郎汇率中间价分别为 8.0250 元 / 欧元，较上年贬值 2.6%；6.3236 元 /100 日元，升值 1.3%；8.8903 元 / 英镑，升值 2.9%；5.0163 元 / 澳元，贬值 2.6%；5.1161 元 / 加元，升值 4.4%；7.4006 元 / 瑞士法郎，贬值 2.7%。

人民币对一篮子货币基本稳定。根据中国外汇交易中心数据，2020 年末 CFETS 人民币汇率指数、参考 BIS 货币篮子和 SDR 货币篮子的人民币汇率指数分别为 94.84、98.68 和 94.23，较 2019 年末分别升值 3.8%、3.8% 和 2.6%。根据国际清算银行（BIS）数据，2020 年人民币名义有效汇率累计升值 4.0%，扣除通货膨胀因素的实际有效汇率升值 3.4%（见图 4-3 和图 4-4）。

图 4–3　人民币有效汇率

（资料来源：国际清算银行）

图 4–4　2020 年全球主要发达和新兴市场货币有效汇率变动

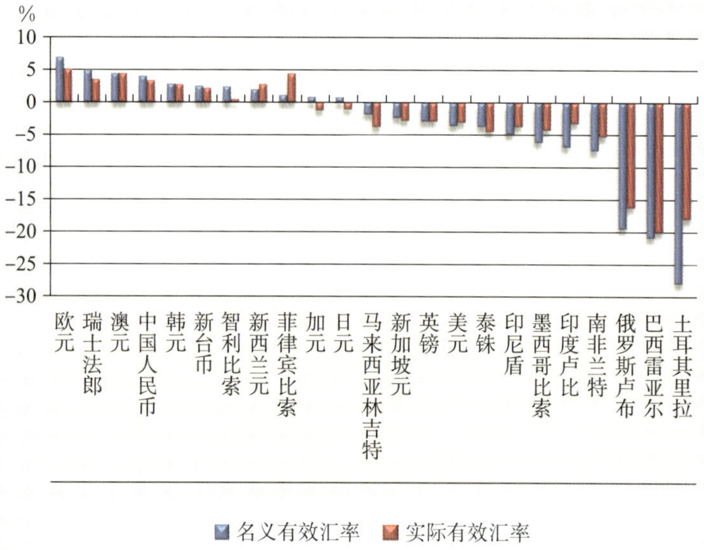

（资料来源：国际清算银行）

人民币汇率弹性继续增强。2020 年末，境内外市场人民币对美元汇率 1 年期历史波动率分别为 4.2% 和 5.1%，较年初分别上升 0.5 个和 0.6 个百分点，处于历史较高水平；期权市场隐含波动率分别为 4.7% 和 6.4%，较年初分别上升 0.9 个和 1.7 个百分点（见图 4–5），有弹性的人民币汇率发挥了调节宏观经济和国际收支自动稳定器的作用，有效释放了外部冲击的压力。

图 4-5　境内外市场人民币对美元汇率 1 年期波动率

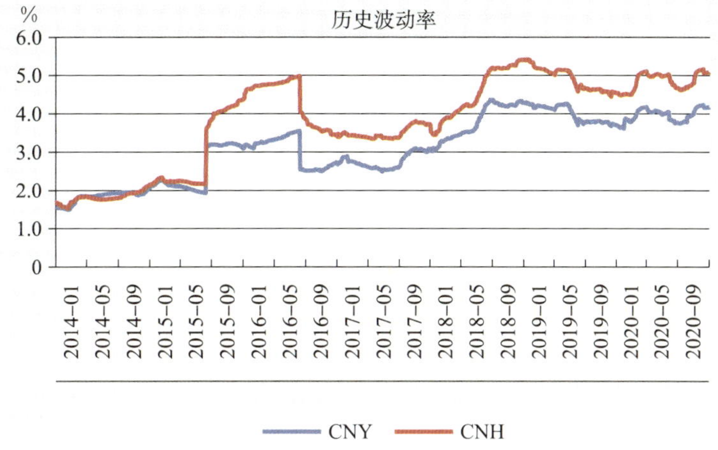

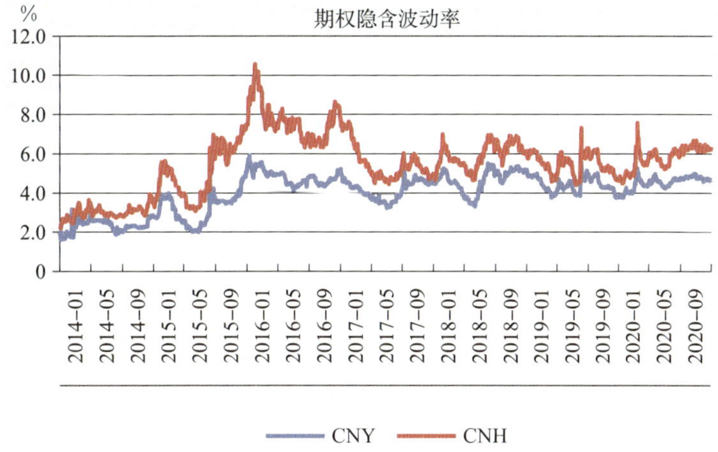

（资料来源：彭博资讯）

人民币汇率预期稳定。2020 年，境内外期权市场风险逆转指标（看涨美元 / 看跌人民币期权与看跌美元 / 看涨人民币期权的波动率之差）先升后降，总体保持稳定，年末分别为 0.7% 和 1.3%，显示市场对人民币没有明显的升值或贬值预期（见图 4-6）。

图 4-6 境内外人民币对美元期权市场 1 年期风险逆转指标

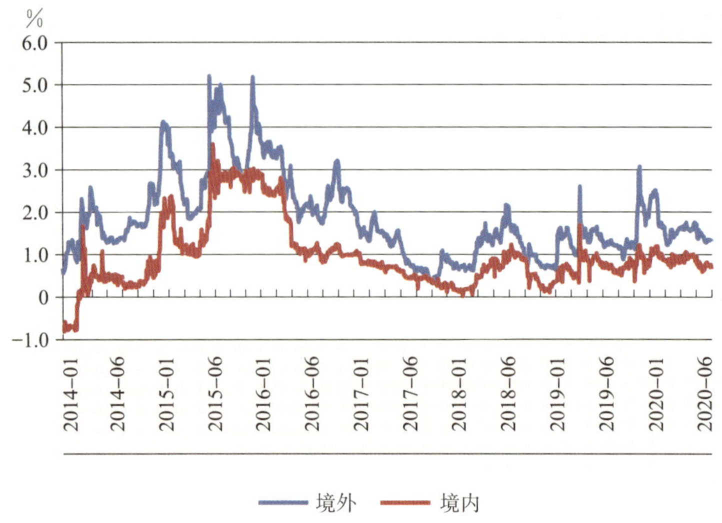

（资料来源：彭博资讯）

专栏 5

2020 年全球汇率走势分析

受新冠肺炎疫情冲击，2020 年全球经济陷入第二次世界大战以来最严重衰退，美元高位震荡，78 个经济体中 37 个经济体货币对美元升值（见表 C5-1）。亚洲主要经济体货币稳中有升，欧元和主要欧洲国家货币强势，东欧、西亚、中亚、美洲部分国家货币均出现明显贬值。

表 C5-1 78 个经济体货币对美元汇率变动情况

地区	货币样本数量（个）	地区内升值货币	
		数量（个）	地区内占比（%）
亚洲	31	16	51.6
大洋洲	2	2	100.0
欧洲	21	15	71.4
北美洲	5	1	20.0
南美洲	8	1	12.0
非洲	11	2	18.2
共 78 个经济体，其中 37 个经济体货币升值，占比 47.4%			

资料来源：根据国际清算银行、Wind 数据库整理计算。

2020 年美元呈现高位震荡。根据美联储公布的对主要发达经济体货币和主要新兴市场经济体货币的美元指数，2020 年，美元对其他发达经济体货币下跌 5.6%，对新兴市场经济体货币微涨 0.26%。整体看，2020 年全年美元处于较高水平，先升后贬，宽幅震荡（见图 C5-1）。

图 C5-1　2020 年美元相对处于高位

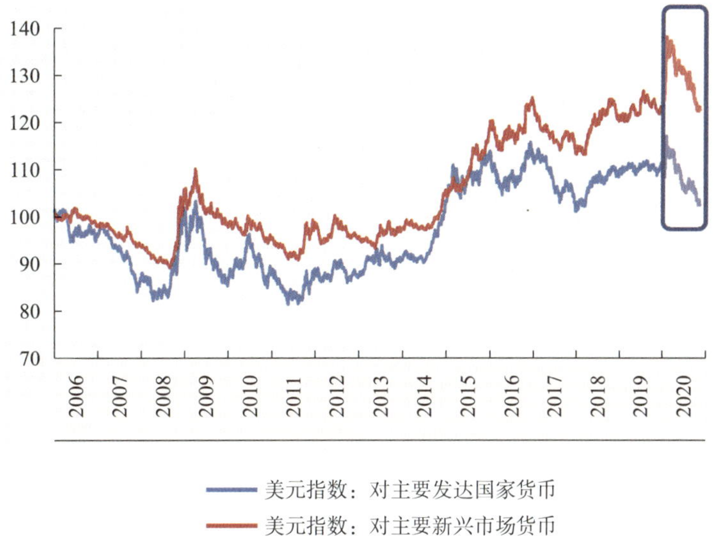

（资料来源：美联储）

亚洲和大洋洲经济体货币整体稳中有升，但中亚和部分西亚国家货币表现较差。2020 年，亚洲主要经济体货币对美元小幅升值的居多，人民币、韩元、日元和菲律宾比索对美元全年升值超过 5%，同时波动率显著低于全球其他地区。大洋洲的澳元和新西兰元保持升值，其中，澳元升值超过 10%，主要受全球经济复苏背景下矿产天然气等大宗商品需求上升的因素提振。中亚国家货币普遍大幅贬值且汇率波动率较高；西亚的土耳其里拉贬值幅度在亚洲最大，主要原因是近年来土耳其经济低迷，通货膨胀较高，外汇储备持续减少。

欧洲经济体货币表现最为强势，但东欧国家出现明显贬值。瑞典克朗是全球“最强货币”，欧元、瑞士法郎和丹麦克朗也相对强势，主要原因是上述货币本身具有一定避险功能，相应经济体保持贸易顺差，瑞典央行在 2020 年一直维持利率水平不变。东欧国家货币普遍大幅贬值，主要受地缘政治因素和全球油价暴跌拖累。

北美洲和南美洲货币表现分化。北美洲的加拿大元和南美洲的智利比索相对稳定，但北美洲的墨西哥比索和南美洲的乌拉圭比索、巴西雷亚尔、阿根廷比索等货币普遍贬值，对美元双边汇率和多边汇率均大幅下跌。这些国家常年受经济下行和高通胀困扰，疫情冲击下进一步引发投资者对其财政状况的担忧，货币陷入持续贬值的负向漩涡。

非洲货币整体表现较差，普遍贬值且波动率较高。非洲国家普遍面临政府财政状况恶化、经济增长前景黯淡的问题。其中，南非作为非洲地区最重要的经济体，兰特在 2020 年对美元汇率贬值超过 5%，波动率超过 7%。

总的来看，疫情背景下，主要发达国家采取极度宽松的货币、财政政策，国际金融市场波动剧烈，美元宽幅震荡，给全球货币带来较大影响。但各国汇率走势表现不同，充分说明经济基本面是一国币值稳定的基石。

（二）外汇市场交易

2020 年，境内人民币外汇市场累计成交 30.0 万亿美元（日均 1 234 亿美元），较 2019 年增长 3.0%（见图 4–7），其中银行对客户市场和银行间外汇市场分别成交 4.6 万亿美元和 25.4 万亿美元[①]；即期和衍生产品分别成交 12.0 万亿美元和 18.0 万亿美元（见表 4–1），衍生产品在外汇市场交易总量中的比重为 60%。（见图 4–8）。

图 4–7　中国外汇市场交易量

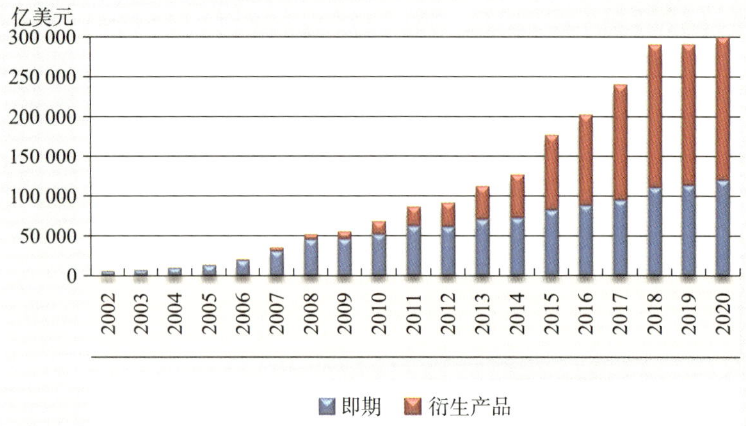

（资料来源：国家外汇管理局、中国外汇交易中心）

图 4–8　中国与全球外汇市场的交易产品构成比较

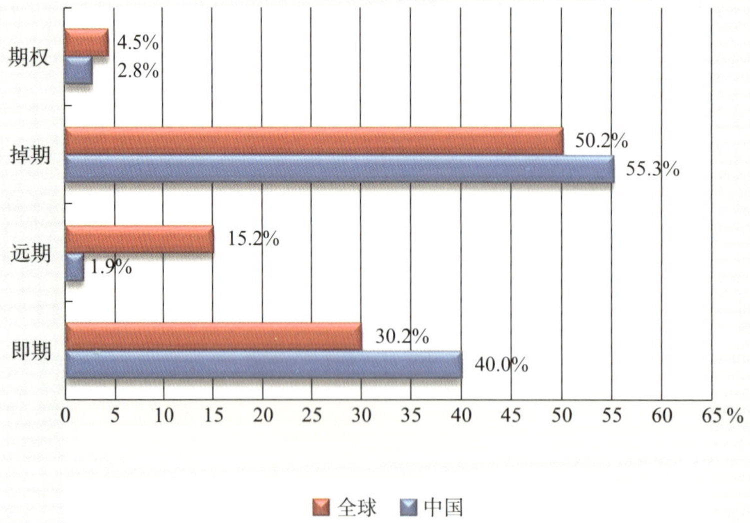

注：中国为 2020 年数据，全球为国际清算银行 2019 年 4 月调查数据。
（资料来源：国家外汇管理局、中国外汇交易中心、国际清算银行）

① 银行对客户市场采用客户买卖外汇总额，银行间外汇市场采用单边交易量，以下同。

即期外汇交易平稳增长。2020 年，即期市场累计成交 12.0 万亿美元，较 2019 年增长 5.6%。在市场分布上，银行对客户即期结售汇（含银行自身，不含远期履约）累计成交 3.6 万亿美元，较 2019 年增长 5.8%；银行间即期外汇市场累计成交 8.4 万亿美元，增长 5.6%，其中美元交易份额为 96%。

远期外汇交易大幅增长。2020 年，远期市场累计成交 5 643 亿美元，较 2019 年增长 48%。在市场分布上，银行对客户远期结售汇累计签约 4 600 亿美元，增长 51%，其中结汇和售汇分别为 3 053 亿美元和 1 547 亿美元，分别增长 36% 和 94%（见图 4–9），6 个月以内的短期交易占 69%，较 2019 年下降 1 个百分点；银行间远期外汇市场累计成交 1 044 亿美元，增长 37%。

图 4–9　银行对客户远期结售汇交易量

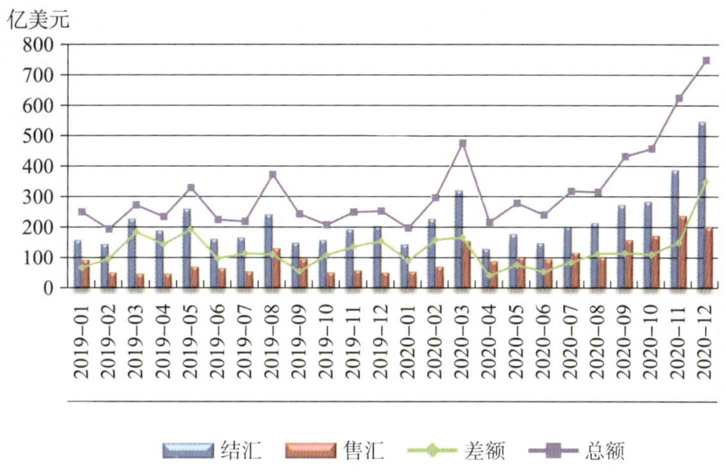

（资料来源：国家外汇管理局）

掉期交易小幅增长。2020 年，外汇和货币掉期市场累计成交 16.6 万亿美元，较 2019 年增长 0.3%。在市场分布上，银行对客户外汇和货币掉期累计签约 2 395 亿美元，增长 100.4%，其中近端结汇 / 远端购汇和近端购汇 / 远端结汇的交易量分别为 1 816 亿美元和 579 亿美元，分别增长 76.4% 和 250.6%；银行间外汇和货币掉期市场累计成交 16.4 万亿美元，下降 0.4%，掉期交易在银行本外币流动性管理中发挥了重要作用。

外汇期权交易小幅下降。2020 年，期权市场累计成交 8 412 亿美元，较 2019 年下降 1.0%。在市场分布上，银行对客户期权市场累计成交 2 746 亿美元，增长 2.1%；银行间外汇期权市场累计成交 5 667 亿美元，下降 2.5%。

企业外汇套保率上升。随着人民币汇率双向波动弹性增强，企业积极采用人民币计价结算、外汇衍生品交易、进出口自然平衡等多种方法管理汇率风险。据测算，2020 年外汇套保率[①]较 2019 年提高 3 个百分点至 17.1%，外汇衍生品市场服务实体经济的作用进一步增强。

① 套保率 =（银行对客远期结售汇签约额 + 银行对客外汇期权签约额）/（银行对客及自身即期结售汇额 + 银行对客远期结售汇签约额 + 银行对客外汇期权签约额）

外汇市场参与者结构基本稳定。银行自营交易延续主导地位（见图 4-10），2020 年银行间交易占整个外汇市场的比重从 2019 年的 85.9% 小幅下降至 84.7%，非金融客户交易的比重从 14.0% 上升至 14.8%，非银行金融机构交易的市场份额从 2019 年的 0.8% 小幅上升为 1.1%。

图 4-10　中国外汇市场的参与者结构

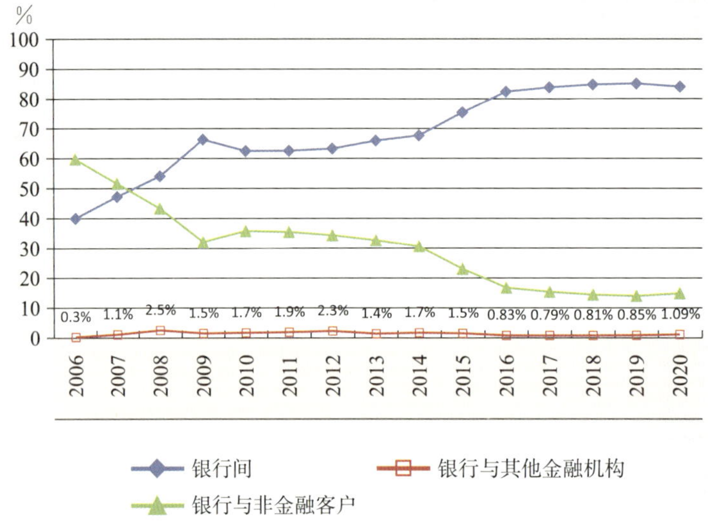

（资料来源：国家外汇管理局、中国外汇交易中心）

表 4-1　2020 年境内人民币外汇市场交易概况

单位：亿美元

交易品种	交易量
即期	**119 958**
银行对客户市场	**36 177**
银行间外汇市场	**83 782**
远期	**5 643**
银行对客户市场	**4 600**
其中：3 个月（含）以下	2 120
3 个月至 1 年（含）	2072
1 年以上	408
银行间外汇市场	**1 044**
其中：3 个月（含）以下	819
3 个月至 1 年（含）	173
1 年以上	51
外汇和货币掉期	**165 860**
银行对客户市场	**2 395**
银行间外汇市场	**163 465**
其中：3 个月（含）以下	142 473

续表

交易品种	交易量
3 个月至 1 年（含）	20 339
1 年以上	653
期权	**8 412**
银行对客户市场	**2 746**
其中：买入期权	1 291
卖出期权	1 455
其中：3 个月（含）以下	1 218
3 个月至 1 年（含）	1 274
1 年以上	253
银行间外汇市场	**5 667**
其中：3 个月（含）以下	3 975
3 个月至 1 年（含）	1 682
1 年以上	9
合计	**299 874**
其中：银行对客户市场	45 917
银行间外汇市场	253 957
其中：即期	119 958
远期	5 643
外汇和货币掉期	165 860
期权	8 412

注：数据均为单边交易额，采用四舍五入原则。
资料来源：国家外汇管理局、中国外汇交易中心。

五

国际收支形势展望

2021年，全球新冠肺炎疫情仍在持续，国际经济金融运行中的不稳定和不确定因素依然存在，包括疫情冲击导致的衍生风险、国际金融市场持续高位运行、部分国家债务高企等。但国内经济长期向好的基本面没有改变，我国将巩固拓展疫情防控和经济社会发展成果，加快构建以国内大循环为主体、国内国际双循环相互促进的新发展格局，坚持推动金融市场高水平双向开放，保持人民币汇率在合理均衡水平上的基本稳定，有助于维护国际收支基本平衡。

内外部环境中有利于我国国际收支平衡的因素增多。从基本面看，国内经济健康稳定运行的基础更加巩固，在新发展格局下，积极促进内需和外需、进口和出口、引进外资和对外投资协调发展，有助于维护国际收支基本平衡。从政策面看，建设更高水平开放型经济新体制，推动跨境贸易和投资自由化、便利化，有助于促进境内外资金双向、均衡流动。从市场条件看，当前人民币汇率弹性增强，外汇市场深度、广度和成熟度提升，有助于继续发挥汇率调节国际收支自动稳定器的作用。从外部环境看，如果新冠肺炎疫苗全球接种并且效果显现，世界经济和贸易活动有望逐步复苏，对我国宏观经济影响总体正面。

预计经常账户顺差继续保持在合理区间。首先，货物贸易将保持一定规模顺差。如果全球疫情趋稳，境外产业链、供应链将逐步修复。2020年12月以来，美国、德国、日本等主要国家制造业采购经理人指数（PMI）均超过疫情前水平，显示制造业景气度提升。同时，全球经济复苏、外需提振也将对我国出口形成支撑。**其次，**服务贸易逆差在短期内难以恢复至疫情前水平。如果全球疫情防控取得较大进展，跨境人员流动限制放松，将带动出境旅行支出逐步增加。综合以上各因素，预计经常账户将保持合理顺差规模。

跨境资本流动有望延续有进有出、总体均衡的态势。一方面，中国经济发展前景向好，营商环境不断改善，将吸引境外长期资本在我国深耕发展。同时金融市场对外开放稳步推进，股票债券纳入全球主要指数，人民币资产对全球投资者仍具较强吸引力。**另一方面，**我国坚持推动金融市场高水平双向开放，持续拓宽对外投资渠道，更好满足境内主体多元化配置境外资产需求，私人部门持有的境外资产有望进一步增加，发挥平衡跨境资本流动的作用。

2021年是“十四五”规划开局之年，外汇管理部门将坚持以习近平新时代中国特色社会主义思想为指导，立足新发展阶段、贯彻新发展理念、构建新发展格局，继续做好“六稳”工作、落实“六保”任务，深化外汇领域改革开放，完善与更高水平开放型经济新体制相适应的外汇管理体制、机制，多措并举维护国际收支基本平衡，以优异成绩庆祝建党100周年。

一方面，持续推进贸易投资便利化改革，推动金融市场开放，不断加强外汇市场建设，服务实体经济发展。**一是**继续推进资本项目双向开放，包括开展跨国公司本外币一体化资金池试点；推进私募股权投资基金跨境投资（QDLP/QFLP）试点，扩大QDLP试点范围，完善QDLP投资报告制度，健全常态化合格境内机构投资者（QDII）额度发放机制；持续推进外债登记管理改革；完善境外机构境内发行股票、债券资金管理。**二是**扩大贸易外汇收支便利化试点，支持跨境电商、市场采购、外贸综合服务等贸易新业态发展，完善服务贸易付汇税务备案信息网上核验。**三是**支持北京“两区”建设，支持上海国际金融中心、粤港澳大湾区和海南自由贸易港等区域改革开放，支持自由贸易试验区外汇管理的改革创新。**四是**建设开放多元、功能健全的外汇市场，支持金融机构推出更多适应市场需求的外汇衍生品。

另一方面，防范跨境资金流动风险，维护国家经济金融安全。**一是**坚持市场化原则，发挥汇率调节宏观经济和国际收支的自动稳定器作用。**二是**完善外汇市场“宏观审慎+微观监管”的管理框架，强化跨境资金流动和外汇市场双向监测与风险评估，以加强宏观审慎为核心改善跨境资本流动管理，以转变监管方式为核心完善外汇市场微观监管，以“零容忍”态度打击地下钱庄、跨境赌博等外汇领域违法违规活动。**三是**加强市场预期管理，引导金融机构和企业树立“风险中性”原则。**四是**完善外汇储备经营管理，坚持市场化原则，前瞻性做好战略配置，动态优化投资组合，努力保障外汇储备资产安全、流动和保值增值。

I

Overview of the Balance of Payments

(I) The Balance of Payments Environment

In 2020, COVID–19 spread throughout the world, the world economy suffered a severe recession, and international financial markets fluctuated significantly. In face of the complex and severe domestic and international environments, China's economy recovered steadily and became the world's only major economy to achieve positive economic growth in 2020.

The global economy recovered slowly after a severe recession. In the first half of 2020, the global economy shrank greatly, and economic growth in some of the developed economies showed an accelerated decline. Among them, GDP in the United States during the second quarter declined by 31.7 percent from the first quarter, and GDP in Brazil, India, Russia, South Africa, and other emerging economies showed negative growth in the second quarter. In the second half of the year, the global economy gradually recovered. In the third quarter, GDP in the United States, the euro zone, Japan, and the United Kingdom decreased by 2.9 percent, 4.3 percent, 5.7 percent, and 8.7 percent, respectively, which was significantly narrower than the decrease in the second quarter (see Chart 1–1). In the fourth quarter, due to repeated outbreaks of COVID–19, many countries tightened epidemic prevention and control measures and the speed of the economic recovery slowed down. The International Monetary Fund (IMF) estimates that the global economy will have declined by 3.5 percent in 2020.

Chart 1–1 Growth Rate of the Main Economies

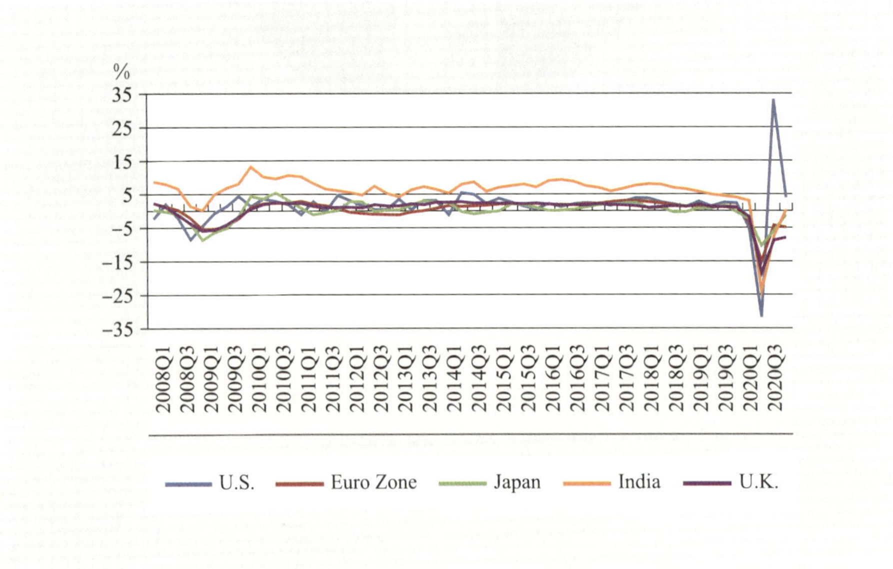

Notes: The U.S. growth rate is the annualized quarterly growth, whereas the rates of the other economies are the quarterly growth rates year on year.

(Source: Huanya economic database)

The major developed economies implemented an ultra-loose monetary policy. In order to cope with the economic recession caused by the epidemic, the central banks of the major developed economies cut interest rates substantially. Some economies reduced policy interest rates to zero or to negative interest rates and they expanded the scale of monetary–policy operations. The Federal Reserve, the Bank of Canada, and the Bank of Japan increased the scale and extended the term of repurchase agreements. In addition, in 2020 the central banks of some developed economies carried out monetary–policy framework assessments. After completion of the assessment in August, the Federal Reserve announced a revision of the monetary–policy framework and implementation of an average inflation target of 2 percent.

International financial markets fluctuated significantly. In the first quarter of 2020, the impact of the epidemic led to panic in international financial markets. Risk assets and traditional risk–averse assets such as gold were sold off, leading to a decline in price. The stock markets in many countries melted down on several occasions, and currency in the emerging economies was devalued. After the second quarter, with the introduction of large–scale stimulus policies by the governments of the major economies, market sentiment tended to ease, and the financial markets recovered significantly. In 2020, the U.S. dollar index first rose and then declined, with the highest value close to 103 in the first half of the year, but it fell by 7.1 percent to below 90 for the entire year; the emerging market currency index (EMCI) fell 5.8 percent, while the S&P GSCI commodity price index fell 6.1 percent (see Charts 1–2 and 1–3). The US Standard & Poor's 500 Index, the Euro zone Stoxx Index, and the MSCI Emerging Market Stock Index rose 16.3 percent, down 5.1 percent, and rose 15.8 percent, respectively. The strong rebound of global financial markets driven by the continuous loose monetary environment was out of touch with the fundamentals of the fragile recovery of the real economy and the potential risks increased.

Chart 1-2 Interest Rates in International Financial Markets and the Volatility Ratios of International Currencies

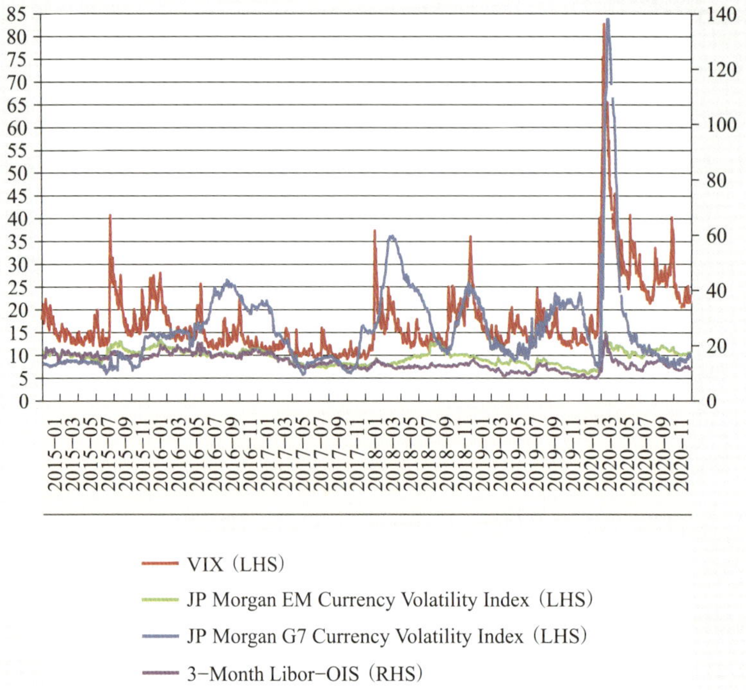

(Source: Bloomberg)

Chart 1-3 Global Stocks, Bonds, and Commodity Market Prices Index

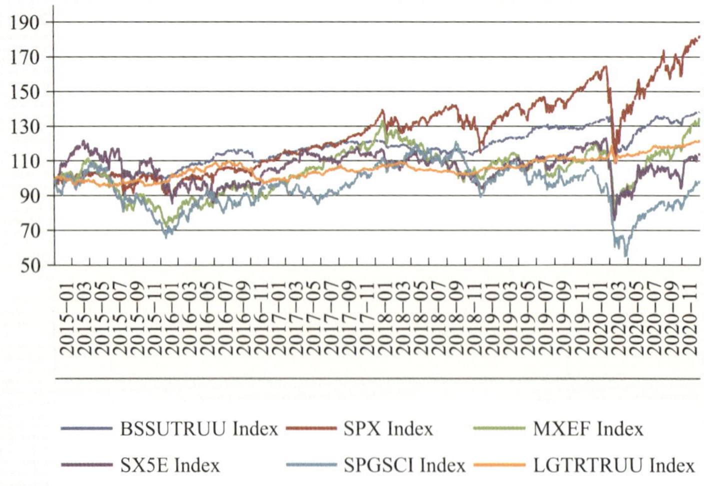

Notes: BSSUTRUU Index and LGTRTRUU Index are the Bloomberg Barclays Emerging Market Index and the Developed Country Sovereign Bond Index, MXEF Index is the MSCI Emerging Market Index, SPX Index is the S&P 500 Index, SX5E Index is the Euro STOXX 50 Index, and SPGSCI Index is the S&P GSCI Commodity Price Index, all of which were 100 at the beginning of 2015.

(Source: Bloomberg)

The domestic economy recovered steadily. In the face of the novel COVID-19 pneumonia and the complex external environment, under the firm leadership of the CPC Central Committee with President Xi Jinping as the core, China made great strategic achievements in coordinating epidemic prevention and control and economic and social development. China's economy improved gradually from season to season, and the level of opening up to the outside world improved further, achieving a comprehensive victory in the battle against poverty. The main objectives and tasks of the 13th Five-year Plan were successfully completed. According to preliminary data of the National Bureau of Statistics, annual GDP in 2020 was 101.6 trillion yuan, or 2.3 percent higher than that in 2019 at comparable prices. GDP from the second quarter to the fourth quarter increased by 3.2 percent, 4.9 percent, and 6.5 percent year on year, respectively. The consumer price index (CPI) was 0.2 percent higher than that in 2019 (see Chart 1-4).

Chart 1-4 Growth Rate of China's Quarterly GDP and Monthly CPI

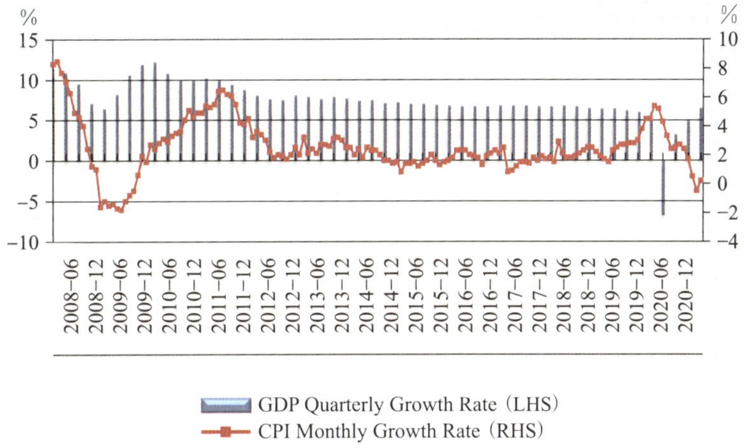

(Source: NBS)

(II) The Main Characteristics of the Balance of Payments

The current account posted a surplus, while the non-reserve financial account recorded a deficit. In 2020, the current account recorded a surplus of USD 274 billion, and the non-reserve financial account posted a deficit of USD 77.8 billion (see Table 1-1).

Table 1-1 Structure of the BOP Surplus

Unit: USD 100 Million

Item	2014	2015	2016	2017	2018	2019	2020
Current account balance	2 360	2 930	1 913	1 887	241	1 029	2 740
As a % of GDP	2.3%	2.6%	1.7%	1.5%	0.2%	0.7%	1.9%
Financial account excluding reserve assets	-514	-4 345	-4 161	1 095	1 727	73	-778
As a % of GDP	-0.5%	-3.9%	-3.7%	0.9%	1.2%	0.1%	-0.5%

Sources: SAFE, NBS.

The surplus in trade in goods increased. Based on balance-of-payments statistics,① in 2020 exports of trade in goods totaled USD 2 497.2 billion, up 5 percent, and imports of trade in goods totaled USD 1 982.2 billion, down 0.6 percent, thus achieving a surplus of USD 515 billion or up 31percent (see Chart 1-5).

Chart 1-5 Major Items under the Current Account

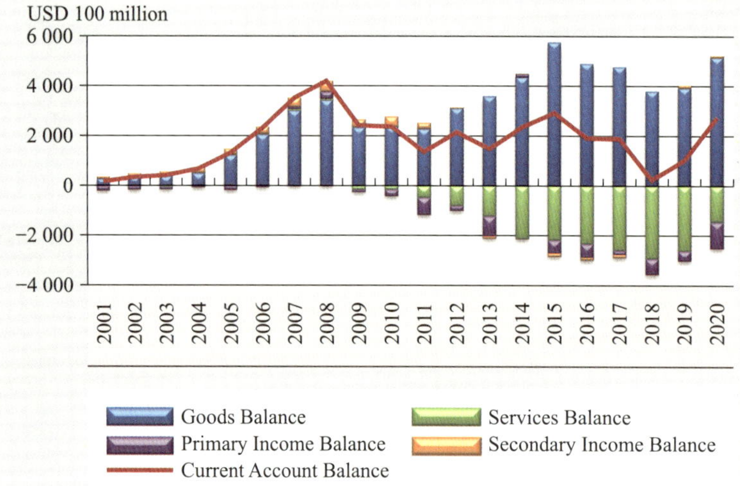

(Source: SAFE)

The deficit in trade in services narrowed. In 2020, revenue from trade in services totaled USD 235.2 billion, down 4 percent, and expenditures totaled USD 380.5 billion, down 25 percent. Trade in

① BOP statistics and statistics of the General Administration of Customs with respect to trade in goods can be reconciled by the following: First, the data of trade in goods in BOP only record the goods whose ownership has been transferred (such as goods in general trade, incoming processing trade and other trade modes), and the goods whose ownership has not been transferred (such as inward and outward processing) are not included in the goods statistics, but included in the statistics of trade in services. Second, in terms of valuation, imports and exports are recorded on FOB in BOP, while customs statistics uses FOB price for exports and CIF price for imports. Therefore in BOP statistics, freight and insurance fees are substracted from custom's import data, and are added to trade in services statistics. Third, returned goods in imports and exports are supplemented in BOP statistics. Fourth, the net export data of goods under resale sales that have not been counted by the customs are counted in BOP statistics. Fifth, the caliber differences caused by the difference of special OEM mode and pricing method has been adjusted.

services thus recorded a deficit of USD 145.3 billion, down 44 percent (see Chart 1–5). In particular, the transportation deficit totaled USD 38.1 billion, down 35 percent, and the travel deficit totaled USD 116.3 billion, down 47 percent, reflecting the decline in cross–border travel expenditures due to the COVID–19 epidemic.

Primary income① **showed a deficit.** In 2020, revenue from primary income totaled USD 241.7 billion, down 12 percent, and expenditures totaled USD 346.9 billion, up 11 percent. Primary income thus recorded a deficit of USD 105.2 billion (see Chart 1–5). In particular, revenue from outward investments totaled USD 224.4 billion, and expenditures for inward investments, including profits and dividends of foreign–funded enterprises, totaled USD 331.5 billion. Investment income recorded a deficit of USD 107.1 billion.

Secondary income posted a small surplus. In 2020, revenue and expenditures of secondary income totaled USD 37.6 billion and USD 28.1 billion, respectively, up 45 percent and 80 percent. Secondary income thus recorded a surplus of USD 9.5 billion, down 8 percent (see Chart 1–5).

The surplus in direct investments increased. Based on the balance–of–payments statistics,② in 2020 direct investments posted a surplus of USD 102.6 billion, double compared to that in with 2019 (see Chart 1–6). In particular, net outflows of outward direct investments (the net increase in direct–investment assets) totaled USD 109.9 billion, down 20 percent. Net inflows of foreign direct investments (the net increase in direct–investment liabilities) totaled USD 212.5 billion, up 14 percent, indicating that foreign capital highly recognizes the effectiveness of epidemic control in China and it is optimistic about the prospects for domestic economic development.

① The IMF's *Balance of Payments and International Investment Manual* (Sixth Edition) renamed the income item under the current account as primary income and renamed current transfers as secondary income.

② The BOP compiles and reports direct investments following balance–sheet rules, whereas the Ministry of Commerce compiles and reports direct investments by direction, with differences between the principles for reverse investments and investments among affiliates. In addition, direct investments based on BOP statistics also include unpaid and unremitted profits, retained earnings, shareholders' loans, foreign capital utilized by financial institutions, and real–estate purchases by non–residents.

Chart 1-6 Major Items Under the Capital and Financial Account

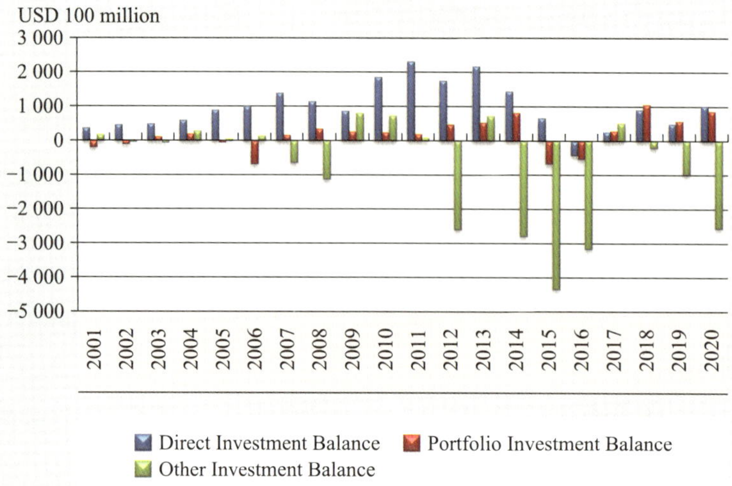

(Source: SAFE)

Portfolio investments retained a surplus. In 2020, portfolio investments recorded a surplus of USD 87.3 billion (see Chart 1-6).There was a small deficit in the first quarter, but then portfolio investments turned to a surplus after the second quarter. In particular, net outflows of outward portfolio investments (the net increase in assets) totaled USD 167.3 billion, up 87 percent, and net inflows of inward portfolio investments (the net increase in liabilities) totaled USD 254.7 billion, up 73 percent, showing that two-way portfolio investments were becoming more active.

Other investments recorded a deficit. In 2020, other investments, including loans, trade credits, and deposits, posted a deficit of USD 256.2 billion (see Chart 1-6),which played a role in balancing cross-border capital flows. In particular, net outflows of outward other investments (the net increase in assets) totaled USD 314.2 billion, mainly due to the relatively abundant domestic foreign-exchange liquidity and the rising demand for diversified asset allocations of domestic entities.Net inflows of inward other investments (the net increase in liabilities) totaled USD 57.9 billion, whereas in 2019 there were net outflows (the net decrease in liabilities) of USD 43.7 billion.

Reserve assets remained relatively stable. In 2020, reserve assets involving transactions (excluding the effects of non-transactional values, such as exchange rates and prices) increased by USD 28 billion. In particular, foreign-currency reserves involving transactions increased by USD 26.2 billion and remained basically stable. By the end of 2020, China's foreign-currency reserves totaled USD 3 216.5 billion, up USD 108.6 billion since the end of 2019. This was mainly due to changes in the non-transactional values, such as the exchange rates and the prices.

Table 1–2 Balance of Payments in 2020

Unit: USD 100 million

Item	Line No.	2020
1. Current account	1	**2 740**
Credit	2	30 117
Debit	3	–27 377
1. A Goods and services	4	**3 697**
Credit	5	27 324
Debit	6	–23 627
1. A. a Goods	7	**5 150**
Credit	8	24 972
Debit	9	–19 822
1. A. b Services	10	**–1 453**
Credit	11	2 352
Debit	12	–3 805
1. A. b.1 Manufacturing services on physical inputs owned by others	13	127
Credit	14	132
Debit	15	–5
1. A. b.2 Maintenance and repair services n. i. e	16	43
Credit	17	77
Debit	18	–34
1. A. b.3 Transport	19	–381
Credit	20	566
Debit	21	–947
1. A. b.4 Travel	22	–1 163
Credit	23	142
Debit	24	–1 305
1. A. b.5 Construction	25	46
Credit	26	126
Debit	27	–81
1. A. b.6 Insurance and pension services	28	–70
Credit	29	54
Debit	30	–123
1. A. b.7 Financial services	31	10
Credit	32	43
Debit	33	–33
1. A. b.8 Charges for the use of intellectual property	34	–292
Credit	35	86
Debit	36	–378
1. A. b.9 Telecommunications, computer, and information services	37	59
Credit	38	389
Debit	39	–330
1. A. b.10 Other business services	40	198
Credit	41	702
Debit	42	–504
1. A. b.11 Personal, cultural, and recreational services	43	–20
Credit	44	10
Debit	45	–30
1. A. b.12 Government goods and services n. i. e	46	–11
Credit	47	25
Debit	48	–36
1. B Primary income	49	**–1 052**
Credit	50	2 417
Debit	51	–3 469
1. B.1 Compensation of employees	52	4
Credit	53	147
Debit	54	–144

(Continue)

Item	Line No.	2020
1. B.2 Investment income	55	-1 071
Credit	56	2 244
Debit	57	-3 315
1. B.3 Other primary income	58	16
Credit	59	26
Debit	60	-10
1. C Secondary income	61	**95**
Credit	62	376
Debit	63	-281
1. C.1 Personal transfers	64	4
Credit	65	42
Debit	66	-38
1. C.2 Other secondary income	67	91
Credit	68	334
Debit	69	-244
2. Capital and financial account	70	**-1 058**
2.1 Capital account	71	**-1**
Credit	72	2
Debit	73	-2
2.2 Financial account	74	**-1 058**
Assets	75	-6 263
Liabilities	76	5 206
2.2.1 Financial account excluding reserve assets	77	**-778**
Financial assets excluding reserve assets	78	-5 983
Liabilities	79	5 206
2.2.1.1 Direct investment	80	**1 026**
2.2.1.1.1 Assets	81	**-1 099**
2.2.1.1.1.1 Equity and investment fund shares	82	-836
2.2.1.1.1.2 Debt instruments	83	-263
2.2.1.1.1.a Financial sector	84	-200
2.2.1.1.1.1.a Equity and investment fund shares	85	-215
2.2.1.1.1.2.a Debt instruments	86	14
2.2.1.1.1.b Non-financial sector	87	-899
2.2.1.1.1.1.b Equity and investment fund shares	88	-622
2.2.1.1.1.2.b Debt instruments	89	-277
2.2.1.1.2 Liabilities	90	**2 125**
2.2.1.1.2.1 Equity and investment fund shares	91	1 700
2.2.1.1.2.2 Debt instruments	92	425
2.2.1.1.2.a Financial sector	93	200
2.2.1.1.2.1.a Equity and investment fund shares	94	123
2.2.1.1.2.2.a Debt instruments	95	76
2.2.1.1.2.b Non-financial sector	96	1 925
2.2.1.1.2.1.b Equity and investment fund shares	97	1 577
2.2.1.1.2.2.b Debt instruments	98	348
2.2.1.2 Portfolio investment	99	**873**
2.2.1.2.1 Assets	100	**-1 673**
2.2.1.2.1.1 Equity and investment fund shares	101	-1 310
2.2.1.2.1.2 Debt securities	102	-363
2.2.1.2.2 Liabilities	103	**2 547**
2.2.1.2.2.1 Equity and investment fund shares	104	641
2.2.1.2.2.2 Debt securities	105	1 905
2.2.1.3 Financial derivatives (other than reserves) and employee stock options	106	**-114**
2.2.1.3.1 Assets	107	-69
2.2.1.3.2 Liabilities	108	-45
2.2.1.4 Other investment	109	**-2 562**

(Continue)

Item	Line No.	2020
2.2.1.4.1 Assets	110	**-3 142**
2.2.1.4.1.1 Other equity	111	-5
2.2.1.4.1.2 Currency and deposits	112	-1 304
2.2.1.4.1.3 Loans	113	-1 282
2.2.1.4.1.4 Insurance, pension and standardized guarantee schemes	114	-33
2.2.1.4.1.5 Trade credit and advances	115	-369
2.2.1.4.1.6 Other accounts receivable	116	-149
2.2.1.4.2 Liabilities	117	**579**
2.2.1.4.2.1 Other equity	118	0
2.2.1.4.2.2 Currency and deposits	119	774
2.2.1.4.2.3 Loans	120	-354
2.2.1.4.2.4 Insurance, pension and standardized guarantee schemes	121	33
2.2.1.4.2.5 Trade credit and advances	122	76
2.2.1.4.2.6 Other accounts payable	123	51
2.2.1.4.2.7 Special drawing rights	124	0
2.2.2 Reserve assets	125	**-280**
2.2.2.1 Monetary gold	126	0
2.2.2.2 Special drawing rights	127	1
2.2.2.3 Reserve position in the IMF	128	-19
2.2.2.4 Foreign exchange reserves	129	-262
2.2.2.5 Other reserve assets	130	0
3. Net errors and omissions	131	**-1 681**

Notes:

1. This table was compiled according to *the Balance of Payments and International Investment Manual* (Sixth Edition) , statistics all economic transactions between Chinese residents and non residents. Chinese residents follow the principle of economic entity, excluding institutions and individuals in Hong Kong SAR, Macao SAR and Taiwan of China. Therefore, the trade and investment exchanges between the above three regions and China belong to overseas transactions with China.

2. In the financial account, a positive value for assets indicates a net decrease, whereas a negative value indicates a net increase. A positive value for liabilities indicates a net increase, whereas a negative value indicates a net decrease.

3. This table is based on rounding principles.

Source: SAFE.

(III) Evaluation of the Balance of Payments

Supported by the stable recovery of the domestic economy, the balance of payments remained in a basic equilibrium. In 2020, the COVID-19 epidemic spread throughout the world, seriously impacting the global economy and international trade. The epidemic was brought under control effectively in China, the policies and measures for ensuring stability in international trade and foreign investments were actively promoted, and economic development recovered steadily, which effectively promoted a basic equilibrium in the balance of payments. China's current account surplus increased and continued to be within a reasonable equilibrium range. Non-reserve financial accounts recorded a deficit, and there were both inflows and outflows of cross-border capital. The scale of foreign-exchange reserves was stable at about USD 3.2 trillion, and fluctuations were mainly affected by changes in non-transactional values, such as the exchange rates and the prices (see Chart 1-7).

Chart 1-7 Structure of the BOP

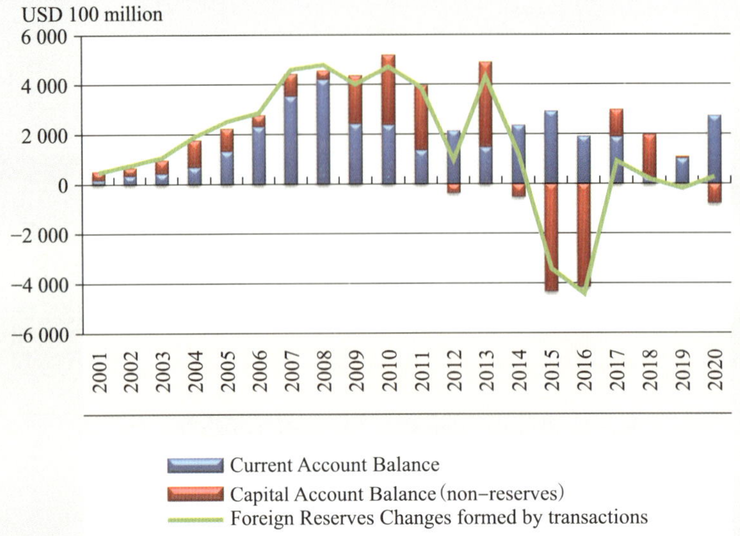

(Source: SAFE)

The current account surplus increased, but it continued to be within a reasonable range. In 2020, the current account recorded a surplus of USD 274 billion, accounting for 1.9 percent of GDP, up 1.1 percentage points. The balance remained within a reasonable equilibrium range. There was a small deficit in the first quarter, but it then turned into a surplus after the second quarter and showed rapid growth. In particular, the surplus of trade in goods increased by 31 percent compared with that in 2019, showing a trend of "decreasing first and then increasing." In the first quarter, the domestic outbreak of the epidemic affected the production and supply of goods for export, and the surplus of trade in goods dropped significantly. From the second quarter to the fourth quarter, China took the lead in restoring production capacity and it filled the gap between global supply and demand. The export of epidemic prevention materials and "stay-at-home economy" products increased against the main trend, import cos ts were reduced due to falling prices of international commodities, thus the surplus of trade in goods rebounded rapidly. The deficit in trade in services decreased by 44 percent mainly because cross-border travel by residents was restricted and travel expenditures decreased significantly by 49 percent.

Cross-border two-way investments and financing were active. On the one hand, various types of foreign investments (mainly including direct investments, portfolio investments, and other investments) totaled USD 520.6 billion, an increase of 81 percent over 2019. In particular, foreign direct investments increased by 14 percent, reflecting the steady recovery of the Chinese economy, the continuous improvement in the business environment, and the long-term attraction of the Chinese market to foreign investments despite the impact of the epidemic. With steady progress in the opening of the financial market, Chinese bonds were gradually included in the major global bond indexes, RMB assets were more popular, and domestic bonds held by foreign investors grew rapidly. Due to the influence of the above factors, foreign portfolio investments increased by 73 percent in 2020. On the other hand, China's outward foreign investments were USD 598.3 billion, an increase of 1.1 times. In particular, outward direct investments decreased by 20 percent but they steadied during the second half of 2020. Outward portfolio investments increased by 87 percent, showing that the demand for diversified allocations of overseas assets by domestic entities was effectively satisfied with the constant expansion of overseas investment channels. Outward other investments, including loans, trade credits, and deposits, totaled USD 314.2 billion, thus playing a role in balancing cross-border capital inflows (see Chart 1-8).

Chart 1-8 Structure of China's Cross-Border Capital Flows in 2020

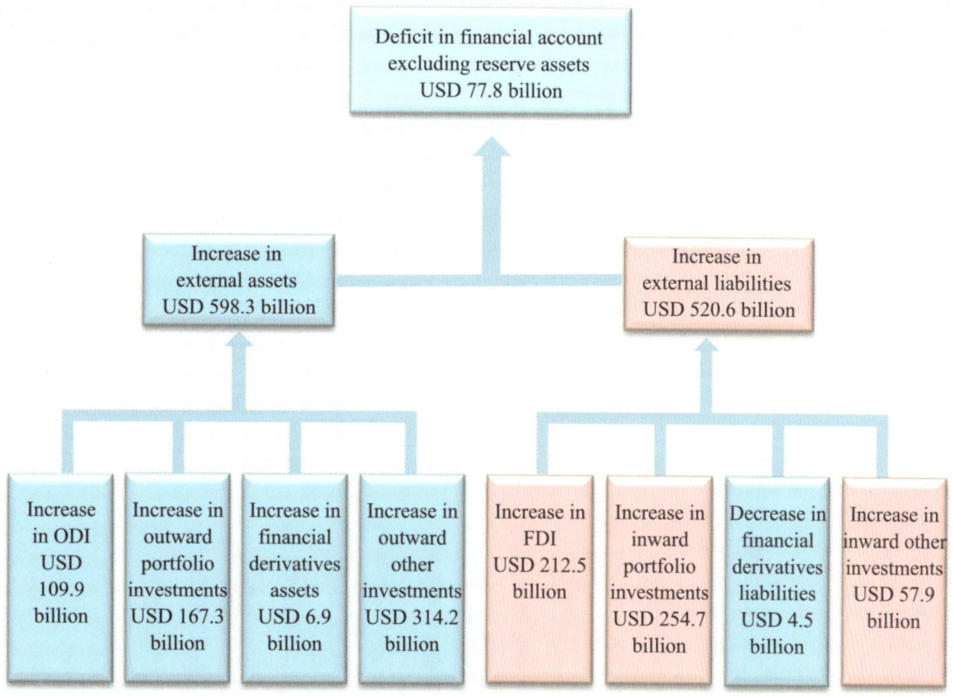

(Source: SAFE)

Box 1

China's Current Account Remained Stable Despite the Impact of the Global Spread of the Epidemic

In 2020, the COVID-19 epidemic spread throughout the world, affecting manufacturing activities in the developed countries . China took the lead in restoring capacity and its surplus in the current account increased against the main trend and showed strong stability, reflecting the effect of optimization of the trade structure and diversification of the export market. In terms of relative scale, the ratio of China's current account surplus to GDP was 1.9 percent, which continued to be within a reasonable equilibrium range. In the future, with the gradual recovery of global economic and trade activities and the continuous optimization of the domestic economic structure, the basis for maintaining the current account balance will be further consolidated.

1.The epidemic had different effects on the surplus in the current account in the major countries

In 2020, China's current account surplus increased against the main trend, and it was relatively stable. In recent years, the current account surpluses and deficits have been concentrated in several countries. The United States, Britain, Canada, France, and other developed countries are the main current account deficit countries, while Germany, Japan, and China are the main surplus countries. In 2020, China's current account surplus posted USD 274 billion, 1.7 times higher than that in 2019, with the surplus in trade in goods increasing by 31 percent. The surplus in Germany's current account was USD 267.4 billion, 8 percent lower than that in 2019, with the surplus in trade in goods decreasing by 13 percent. Japan's current account surplus recorded USD 166.7 billion, narrowing by 11 percent (see Chart C1-1).

Chart C1-1 Annual Change in the Ratio of the Current Account Balance to GDP in the Major Countries

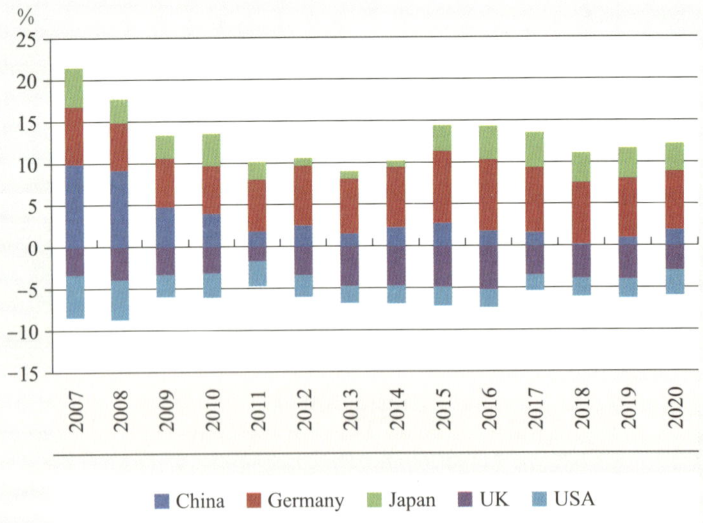

Notes: Data for the United States and the United Kingdom in 2020 are from the first three quarters.
(Sources: IMF, CEIC)

The ratio of China's current account surplus to GDP was still within a reasonable range and lower than that in the other major countries with a current account surplus. In recent years, China's current account surplus has gradually moved from a relatively high scale to a basic balance, with its ratio to GDP decreasing from 9.9 percent in 2007 to about 1 percent in 2019 and reflecting a reasonable optimization of the domestic economic structure and making a positive contribution to a rebalancing of the global economy. In 2020, the ratio of China's current account surplus to GDP rose slightly to 1.9 percent, which was still lower than that of Germany (7.0 percent), Korea (4.6 percent), Italy (3.6 percent), Japan (3.3 percent), Russia (2.2 percent), and the other major surplus countries, indicating that the internal foundation for an equilibrium in China's current account is still solid.

2.Differences in the trade structure and the export markets determined the major countries' different current account surpluses

China took the lead in resuming work and production and effectively filled the gap between global supply and demand. In February 2020, the purchasing manager index (PMI) of China's manufacturing industry dropped briefly, but since March it was running above the midpoint of 50. At the same time, the spread of the global epidemic affected foreign production and economic activities. The PMI in Japan and Germany declined in March but gradually recovered in August and September. China had the advantage of time for leading the recovery of production and supply capacity, thus some foreign trade orders were transferred to China. In 2020, the export of goods from Germany and Japan fell by 9 percent and 11percent, respectively, while China's exports grew against the trend by 4 percent.

China has a complete range of export commodities and a complete industrial chain, and there is strong resistance to shocks. From the perspective of the structure of export commodities, basic necessities such as computers, mobile phones, textiles and clothing, furniture and household appliances account for nearly 40 percent of China's total exports. This structure is consistent with the rising demand for global epidemic prevention materials and "stay-at-home economy" products against the background of the epidemic. The export of related commodities increased by 9 percent in 2020, which was the main factor driving the increase in exports. At the same time, in recent years, China's exports of electromechanical, electronic, and high-tech products have also increased steadily, which fully demonstrates the complete range of domestic industries and strong resilience and stability. In contrast, global demand for major export commodities, such as automobiles and machinery from Germany and Japan, has been shrinking, and production dependent on global industrial support has been greatly affected by the epidemic.

China's export market is more diversified, which can better disperse the impact of changes in the external environment. China's top three export markets are the United States, the European Union, and ASEAN. In 2020, the proportions of related exports in China's total exports were 17 percent, 15percent, and 15percent, respectively. Nearly 70 percent of

Germany's exports are concentrated in France, the Netherlands, Italy, and other European countries, with the United States as its second largest export market accounting for about 10 percent. Affected by the global spread of the epidemic, in 2009 Germany's exports to the United States and Europe decreased by 14 percent and 9 percent, respectively. China's exports to the United States, the European Union, and ASEAN increased by 8 percent, 7 percent, and 7 percent, respectively.

In addition, restrictions on cross-border travel have had a more prominent impact on the narrowing of the deficit in China's trade in services. Travel is the most important deficit item in China's trade in services. The travel deficit dropped from nearly USD 220 billion in 2019 to more than USD 110 billion in 2020, which had a significant impact on the increase in the current account surplus. Germany's travel deficit was relatively small, so the impact of relevant changes on its surplus in the current account was limited. Japan is a country with net travel income, and its cross–border travel restrictions reduced its travel income and lowered its current account surplus.

In the future, if the scope of overseas vaccinations is expanded and the effects are apparent, global production activities are gradually restored, and the world economy recovers smoothly, the international trade environment will be improved further. At the same time, China will continue to advance its economic restructuring and accelerate the construction of a new development pattern. Therefore, the foundation for the reasonable operation of China's current account will be consolidated.

II

Analysis of the Major Items in the Balance of Payments

(I) Trade in Goods

Exports and imports of trade in goods showed strong resilience, and the surplus increased. In 2020, affected by the spread of the COVID-19 epidemic, global trade entered a downturn. According to the statistics of the World Trade Organization (WTO), exports and imports of global trade in goods in the first three quarters fell by 11 percent year on year. China's total foreign trade and China's surplus have both increased, showing strong resilience. According to customs statistics, in 2020 China's exports and imports totaled USD 4.6 trillion, an increase of 2 percent year on year. The trade surplus reached USD 533.7 billion, an increase of 27 percent year on year. On a quarterly basis, the trade surplus declined in the first quarter, when the outbreak of the COVID-19 epidemic affected production by China enterprises; from the second to fourth quarters, when work and production resumed in China, the trade surplus began to grow again, filling the gap between global supply and demand. In 2020, China's dependence on foreign trade (the ratio of foreign trade to GDP) was 31 percent, a slight decrease of 0.6 percentage point from 2019 (see Chart 2-1).

Chart 2-1 The Balance of Trade in Goods and Dependence on Foreign Trade

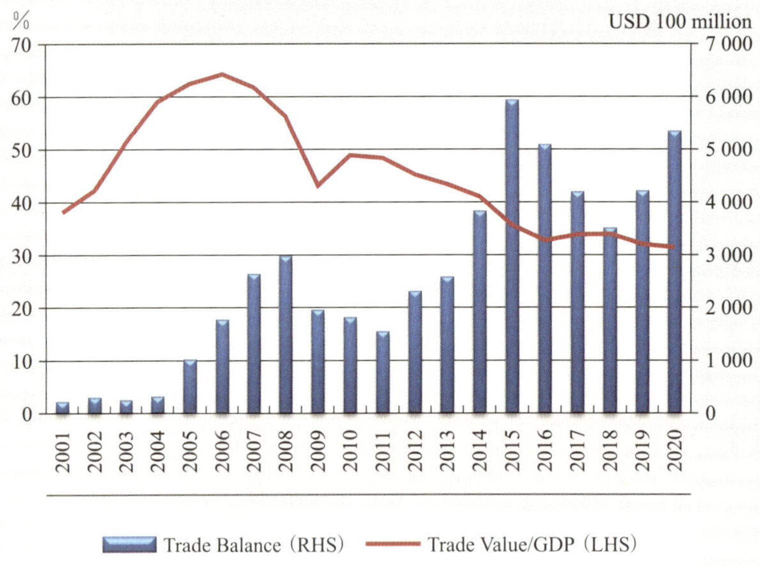

(Sources: General Administration of Customs, National Bureau of Statistics)

The share of foreign trade by private enterprises increased, and the position of private enterprises as the largest foreign trade contributor was strengthened. In 2020, exports and imports of goods by private enterprises totaled USD 2.0992 trillion, up 12 percent year on year, accounting for 45 percent of total foreign trade, up 4 percentage points compared with 2019. Exports and imports by foreign-invested enterprises totaled USD 1.7976 trillion, accounting for 39 percent of total foreign trade. Exports and imports of goods by state-owned enterprises totaled USD 665.7 billion, accounting for 14 percent of total foreign trade. In terms of the balance, the trade deficit of state-owned enterprises was USD 250.8 billion, a decrease of 17 percent; the trade surplus of foreign-invested enterprises and private enterprises amounted to USD 67 billion and USD 702.6 billion, respectively (see Chart 2-2).

Chart 2-2 The Balance of Trade in Goods in Terms of Contributors

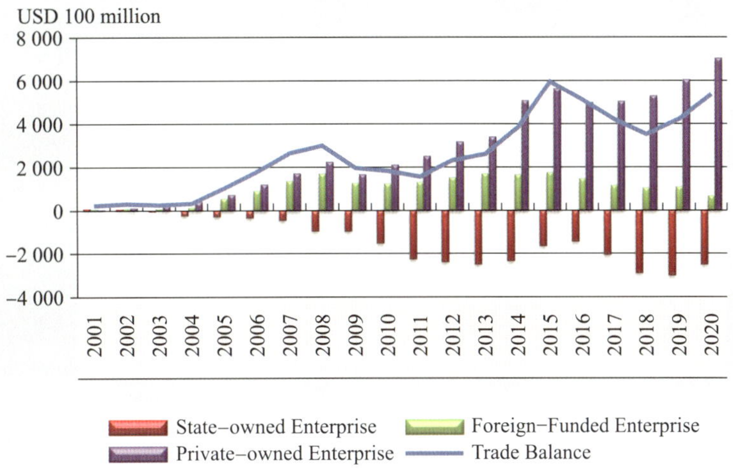

(Source: General Administration of Customs)

The export structure was improved, with rapid growth in high-tech products and epidemic-prevention products. In 2020, China showed strong competitiveness in high-value-added products. Export of high-tech products reached USD 776.7 billion, an increase of 6 percent year on year, 2.6 percentage points higher than the growth rate of total exports and accounting for 30 percent of total exports (see Chart 2-3). Exports of epidemic-prevention products increased rapidly, among which the export of textiles, including face masks, was up 29 percent year on year. Exports of pharmaceuticalitems and medicines increased by 27 percent, reflecting China's success in curbing the epidemic domestically as well as China's contribution to maintaining security in global public health. In addition, exports of household appliances and laptop computers increased by 24 percent and 20 percent, respectively, reflecting the increase in overseas demand for commodities related to a "stay-at-home economy."

Chart 2-3 Growth in Exports of High-tech and Anti-epidemic Products

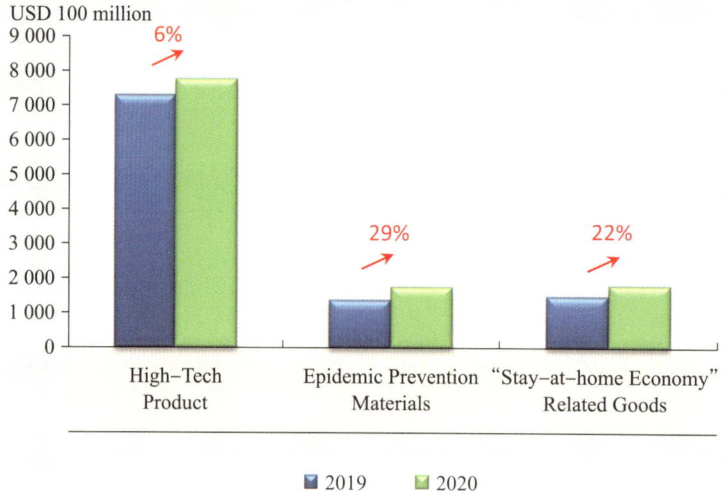

Notes: 1. High-tech commodities in the chart are specific classifications in the customs major commodity export database, including nine categories of commodities such as biotechnology, bioscience technology, and optoelectronic technology. Related anti-epidemic materials products are the total of the two categories of textile yarn products and medical materials and medicines in the major commodity export warehouse; related "stay-at-home economy" products are commodities under household appliances, laptops, and tablet computers. 2. The figure marked by a red arrow on the chart is the year-on-year growth rate.

(Source: General Administration of Customs)

China's foreign trade market continued to be more diversified. Trade with ASEAN and Africa increased. In terms of exports and imports, in the fourth quarter of 2019 ASEAN surpassed the European Union and the United States, becoming China's largest trade partner. In 2020, China's exports and imports of goods to ASEAN totaled USD 686.5 billion, accounting for 15 percent of China's total foreign trade, up 0.8 percentage point from 2019 (see Chart 2-4). From the perspective of net exports, China maintained a surplus with its top three trade partners in 2020. The surpluses with the United States, the European Union, and ASEAN reached USD 317.1 billion, USD 133.3 billion, and USD 83.8 billion, respectively, accounting for 59 percent, 25 percent, and 16 percent, respectively, of China's total trade surplus. At the same time, China's trade surplus with Africa grew rapidly. In 2020, the surplus with Africa reached USD 41.5 billion, an increase of 1.3 times year on year; China's trade surplus with the countries along the Belt and Road reached approximately USD 220.6 billion, an increase of 17 percent.

Chart 2-4 The Ratio of Exports and Imports between China and its Major Trade Partners

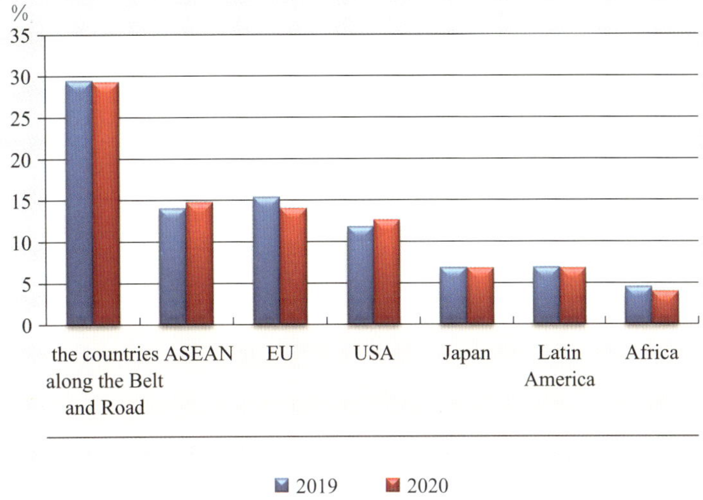

Notes: 1. The ratio in the chart is calculated in USD. 2. The countries along the Belt and Road cover 64 countries, including India, Russia, and Malaysia, overlapping with ASEAN and other regional countries.

(Source: General Administration of Customs)

(II) Trade in Services

Affected by the COVID-19 epidemic, the total volume of trade in services decreased. In 2020, China's trade in services totaled USD 615.7 billion, a decrease of 18 percent year on year, and the ratio of trade in services to trade in goods was 14 percent (see Chart 2-5). In the context of the global combat against the epidemic and the border controls among the various economies, China's revenue and expenditures from travel fell by 50 percent year on year. Revenue and expenditures from transportation and other commercial services were basically the same as those in 2019. Revenue and expenditures from computer-related services and the use of intellectual property increased 16 percent and 13 percent year on year, respectively.

Chart 2-5 Comparison of the Total Volume of Trade in Goods and Trade in Services

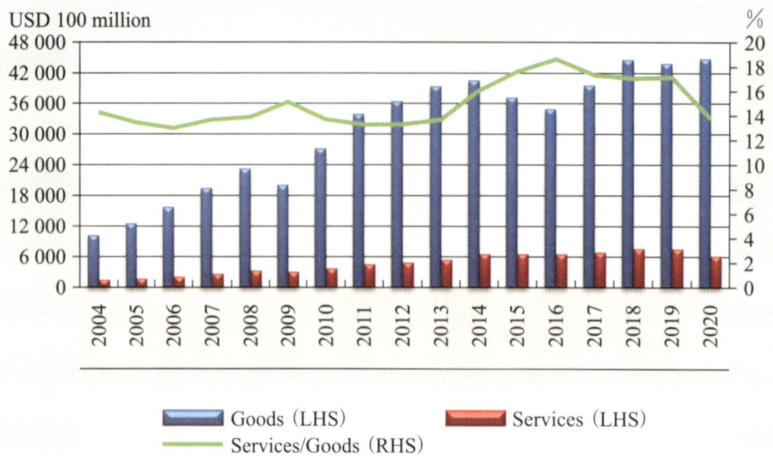

(Source: SAFE)

Revenue from trade in services declined slightly. In 2020, revenue from trade in services was USD 235.2 billion, down 4 percent from 2019 (see Chart 2-6). Among the major items, revenue from other business services, such as consultancies and technical-related services, amounted to USD 70.2 billion, up 1 percent year on year and accounting for 30 percent of total revenue. Affected by price factors, revenue from transportation amounted to USD 56.6 billion, up 23 percent year on year and accounting for 24 percent of total revenue. Revenue from telecommunications and computer and information services amounted to USD 38.9 billion, up 11 percent year on year and accounting for 17 percent of total revenue.

Chart 2-6 Revenue and Expenditures of Trade in Services

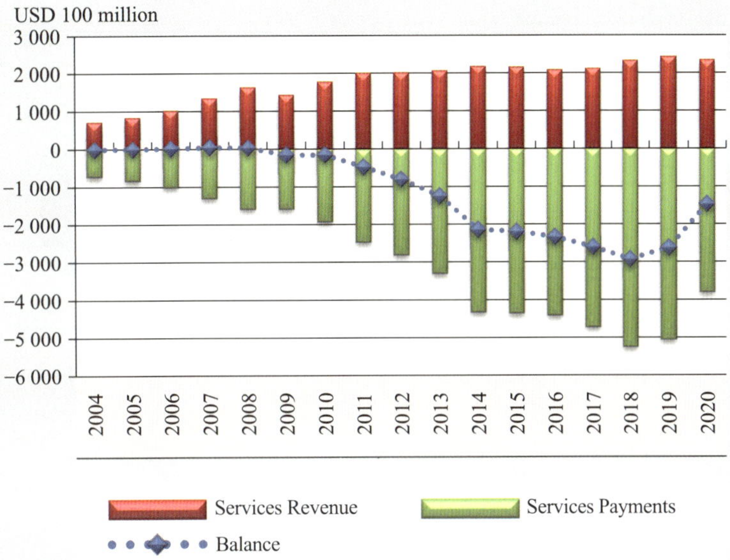

(Source: SAFE)

Expenditures for trade in services declined sharply. In 2020, expenditures for trade in services were USD 380.5 billion, down 25 percent year on year. Among the major items, travel recorded expenditures of USD 130.5 billion, down 49 percent year on year and accounting for 34 percent of total expenditures. Transportation recorded expenditures of USD 94.7 billion, down 10 percent year on year and accounting for 25 percent of total expenditures. Other businesses, such as consultancies and technical-related services, recorded expenditures of USD 50.4 billion, approximately the same amount as that in 2019 and accounting for 13 percent of total expenditures.

The trade-in-service deficit narrowed. In 2020, the deficit in trade in services was USD 145.3 billion, down 44 percent year on year. Travel continued to be the main source of the deficit (see Chart 2-7). The travel deficit amounted to USD 116.3 billion, down 47 percent year on year. Transportation and the use of intellectual property were the second and third largest deficit items under trade in services, respectively. The transportation deficit amounted to USD 38.1 billion, down 35 percent year on year, due to the decrease in transportation expenditures as imports of goods declined as well as due to the increase in transportation revenue when exports improved and container freight increased. Use of intellectual property recorded a deficit of USD 29.2 billion, up 5 percent, mainly due to the increase in expenditures.

Chart 2–7 The Contribution of Travel to the Deficit in Trade in Services

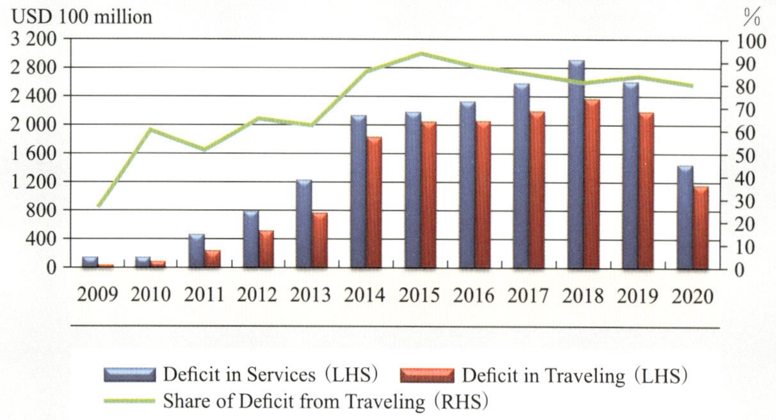

(Source: SAFE)

China's trade partners continued to be highly concentrated and stable. In 2020, China's top ten partners in terms of trade in services were Hong Kong SAR, the United States, Japan, Singapore, Germany, the United Kingdom, Korea, Ireland, Canada, and Australia, which were basically the same as those in 2019. Trade with these partners totaled USD 460.7 billion, accounting for 75 percent of China's trade in services. China posted deficits with these top ten trade partners. With the exception of Ireland, China's deficits with the nine other trade partners were generally narrowing (see Chart 2–8).

Chart 2–8 China's Trade in Services in Terms of Trade Partners in 2020

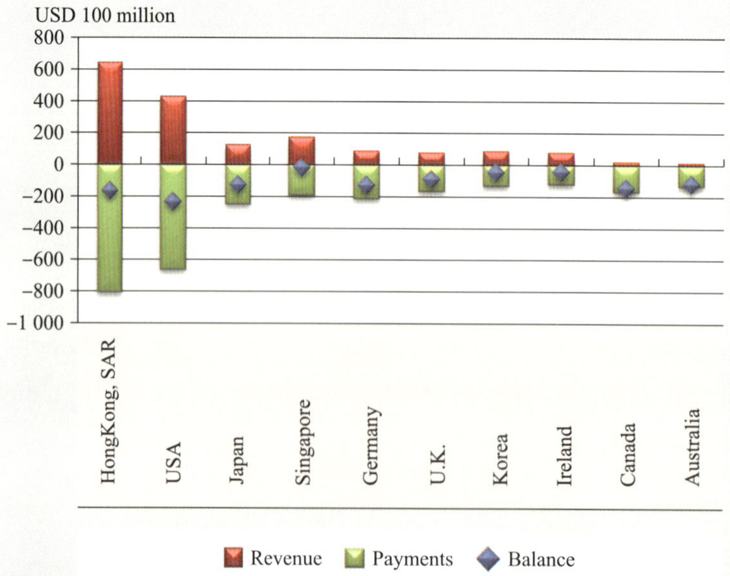

(Source: SAFE)

Box 2

International Comparative Analysis of Producer and Consumer Services

The 14th Five-year Plan points out that the development of modern service industries will be accelerated, the producer service industry will be promoted in the direction of specialization and the high-end value chain, and the consumer service industry will be upgraded in the direction of high quality and diversification. In recent years, China's service industry has developed rapidly. Revenue and expenditures of trade in services rank among the top in the world, and development of producer services has accelerated. In the future, with the upgrading of information technology and the development of digital trade, China's producer services, especially emerging producer services, will have great potential for development.

According to the classification of the National Bureau of Statistics, combined with the actual development of China's service industry, services closely related to the manufacturing industry can be included in producer services, and services closely related to residents' consumption can be included in consumer services. In addition, according to capital, technological content, and added value, producer services are divided into traditional producer services and emerging producer services (see Table C2-1).

Table C2-1 Correspondence between Producer and Consumer Service Industries and International Balance of Payments Transactions

Producer Service Industry	Processing services; transportation services; construction; insurance services; financial services; telecommunications, computer and information services; other business services; maintenance services n.i.e.;use of Intellectual property; government services n.i.e.
Traditional producer service Industry	Processing services; transportation services; construction; maintenance services, n.i.e.; government services n.i.e.
Emerging Producer Service Industry	Insurance services; financial services; telecommunications, computer and information services; other business services; use of intellectual property
Consumer Service Industry	Travel; cultural and entertainment services

1. Development of global trade in producer and consumer services

Global trade in services is dominated by producer services, with the proportion of trade of emerging producer services continuing to increase. In recent years, driven by the rapid development of high-tech and globalization policies, the proportion of trade in producer services has steadily increased, gradually stabilizing at around 75 percent (see Chart C2-1). With the transformation and upgrading of information technology, producer services have shifted from being resource-and labor-intensive to being knowledge-and technology-intensive. From 1980 to 2019, the proportion of global revenue and expenditures for emerging producer services in the total trade in services increased from 27 percent to 50 percent, and the proportion of total trade in traditional producer services in the total trade in services decreased from 47 percent to 25 percent.

Chart C2-1 The Total Volume of Global Trade in Producer and Consumer Services

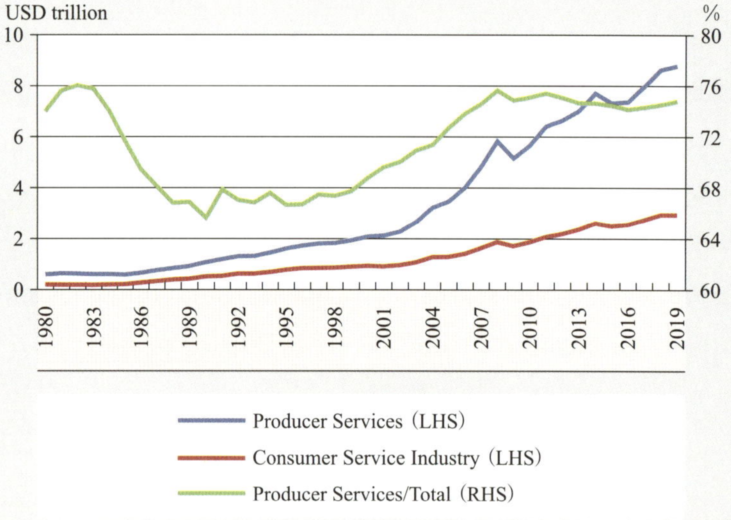

(Source: WTO)

Trade in producer services in the developed countries accounts for a relatively high proportion of the total trade in services, with an average above 70 percent. On the whole, the evolution of the service trade structure in the United States, Germany, and Japan has been basically the same. Economic development and technological change have promoted an increase in the proportion of the revenue and expenditures of the producer services trade, gradually stabilizing at more than 70 percent over the past decade. In the United States, trade in producer services has dominated with relatively small fluctuations. Since 2002, this proportion has remained stable at around 75 percent. With the rapid development of a modern information technology industry, emerging trade in producer services has accounted for a larger proportion of the total trade in services, reaching 55 percent in 2019. The balance of trade in producer services in Germany has steadily increased, gradually becoming the engine for development. From 1980 to 2019, the proportion of the balance in producer services increased from 66 percent to 80 percent, among which the proportion of trade in emerging producer services increased from 25 percent to 53 percent. The proportion of revenue and expenditures of Japan's producer services trade first declined but then rose, it remained above 80 percent: the proportion of consumer services trade continued to increase in the 1980s. In the 21st century, with the decline in population and the development of industrialization and information technology, the proportion of producer services trade in Japan has continued to increase, accounting for approximately 85 percent of total services trade in recent years.

2. The evolution of China's trade in producer and consumer services

Before 2016, the proportion of China's trade in producer services showed a fluctuating downward trend. In the 1980s and 1990s, due to China's relatively weak economic and social industrial foundation, trade in services was constrained, small in scale, and fluctuating structurally. From 1982 to 1999, the revenue and expenditures of China's trade in services increased from USD 4.7 billion to USD 61 billion. Since 2000, China's openness to the outside world has increased, and development of trade in producer services has accelerated. In 2008, the revenue and expenditures of trade in producer services accounted for 76 percent, of its peak in recent years. Since then, the proportion of revenue and expenditures in China's trade in producer services has declined, down to 54 percent of total services trade in 2016. Trade in consumer services, especially expenditures, increased rapidly, mainly due to the increase in income and consumption levels of Chinese residents and the increase in expenditures related to the rapid increase in outbound travel and overseas study (see Chart C2-2).

Chart C2-2 The Evolution of China's Trade in Producer and Consumer Services

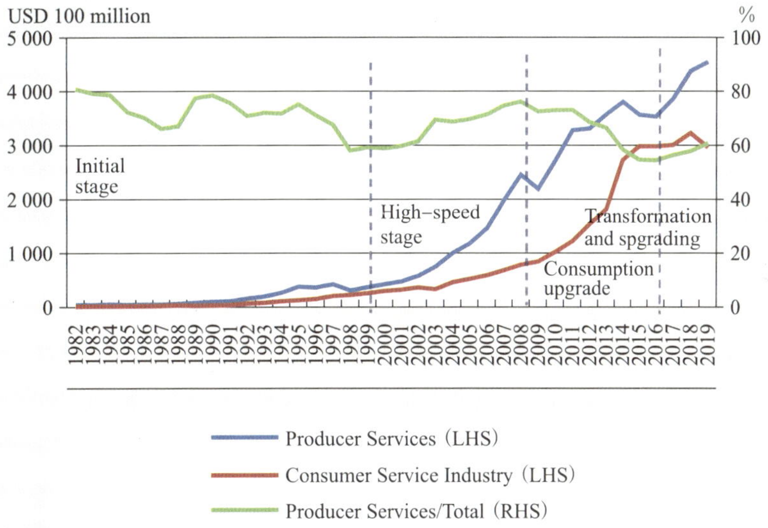

(Source: WTO)

In recent years, the proportion of China's producer services in its total services trade has steadily increased. Since 2016, with the changes in information technology and industrial transformation and upgrading, China's trade in producer services continued to develop, and its proportion gradually increased. The proportion was 61 percent in 2019, an increase of 7 percentage points from 2016. The revenue and expenditures of trade in consumer services tended to be stable (see Chart C2-2). Currently, although the proportion of China's producer services in total services is still below global levels, the increase in the proportion in recent years is similar to the trend in Japan in the 1980s and Germany in the 1990s, an inevitable result of economic development.

China's emerging producer services have developed rapidly and have great potential. In 2019, revenue and expenditures of China's emerging producer services accounted for 33 percent of total trade in services, while the proportion in the United States, Germany, and Japan accounted for 55 percent, 53 percent, and 60 percent, respectively. With the upgrading of information technology and the development of digital trade, China's emerging producer services have a bright future. In the past ten years, the average annual growth rate of revenue and expenditures of China's emerging producer services reached 8 percent. Among this, the average annual growth rates of revenue and expenditures of computer services and the use of intellectual property were 17 percent and 13 percent, respectively, while the rates in the United States, Germany, and Japan were 4.6 percent, 5.5 percent, and 6.6 percent.

With the acceleration in the construction of a new development pattern, China will optimize and upgrade its entire industrial chain, use technological innovation to enhance the international competitiveness of its producer services industry, and support the high-quality development of its modern services industries during the "14th Five-year Plan" period.

(III) Direct Investments

Net inflows of direct investments continued.① In 2020, net inflows of direct investments in China's balance of payments totaled USD 102.6 billion (see Chart 2-9), double that in 2019.

Chart 2-9 China's Direct Investments

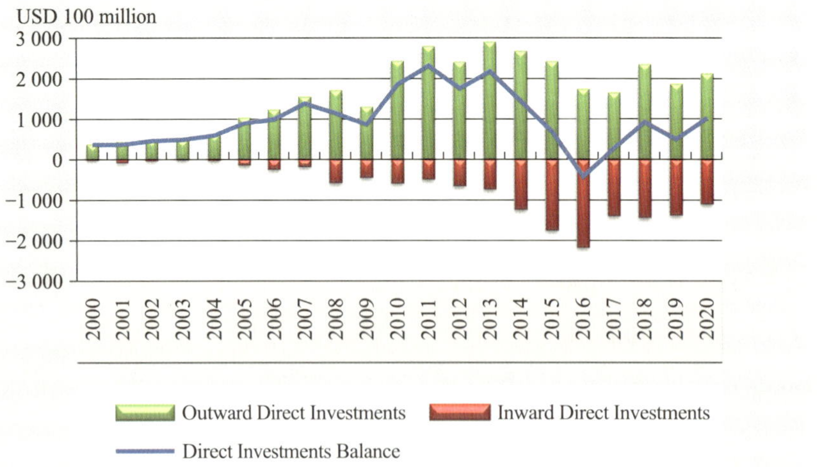

(Source: SAFE)

① The net flow of direct investments refers to the gap between the net increase in direct-investment assets (net outflow of funds) and the net increase in direct-investment liabilities (net inflow of funds). When the net increase in direct-investment assets is more than the net increase in direct-investment liabilities, a net outflow is recorded, and vice versa.

Outward direct investments (ODI) declined. In 2020, China's ODI (net increase in direct-investment assets①) reached USD 109.9 billion, a decrease of 20 percent year on year (see Chart 2-10). The main reason is that in the first half of the year, due to the rapid spread of the epidemic from overseas, China's ODI was hindered, but it gradually recovered in the second half of the year.

Chart 2-10 China's Outward Direct-Investment Assets

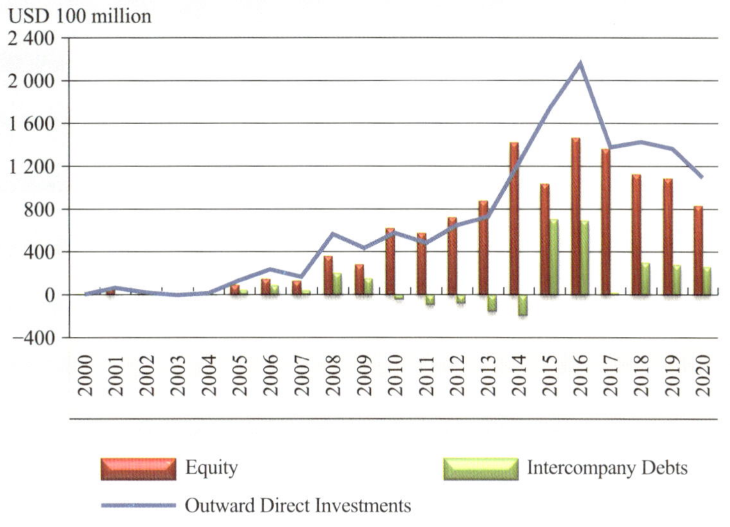

(Source: SAFE)

In terms of the composition of direct investments, equity investments constituted the major part, supplemented by loan assets. First, equity investments amounted to USD 83.6 billion, a decrease of 23 percent compared with equity investments in 2019. There was a year-on-year decrease of 35 percent in equity investments in the first half of the year and a narrowing of 10 percent in the second half of the year. Second, net outflows of loans to affiliates amounted to USD 26.3 billion, down 6 percent year on year. In the first half and second half of 2020, net outflows were USD 9 billion and USD 17.3 billion, respectively, with cross-border lending and investments of domestic entities remaining generally stable.

In terms of sectors, outward direct investments by China's non-financial sector and financial sector "first dropped and then rose". Direct-investment assets by the non-financial sector amounted to USD 89.9 billion, with a 25 percent decrease year on year, mainly due to a decrease in profit reinvestments. The first destination of "going out" by domestic enterprises was concentrated in Hong Kong SAR. Among the "going out" industries, manufacturing accounted for 39 percent, ranking first

① A major component of direct-investment assets is outward direct investments. In addition, reverse investments by domestic foreign-funded enterprises to their parent companies are included. The net increase in direct-investment asset transactions, which is negative in the balance-of-payments statement, represents a net outflow.

(see Chart 2–11). Direct investments by the financial sector reached USD 20 billion, an increase of 14 percent year on year, with nearly 60 percent coming from the banking sector.

Chart 2–11 Distribution of China's ODI by Non–Financial Sectors in 2020 (by Investment Destination and Domestic Industry)

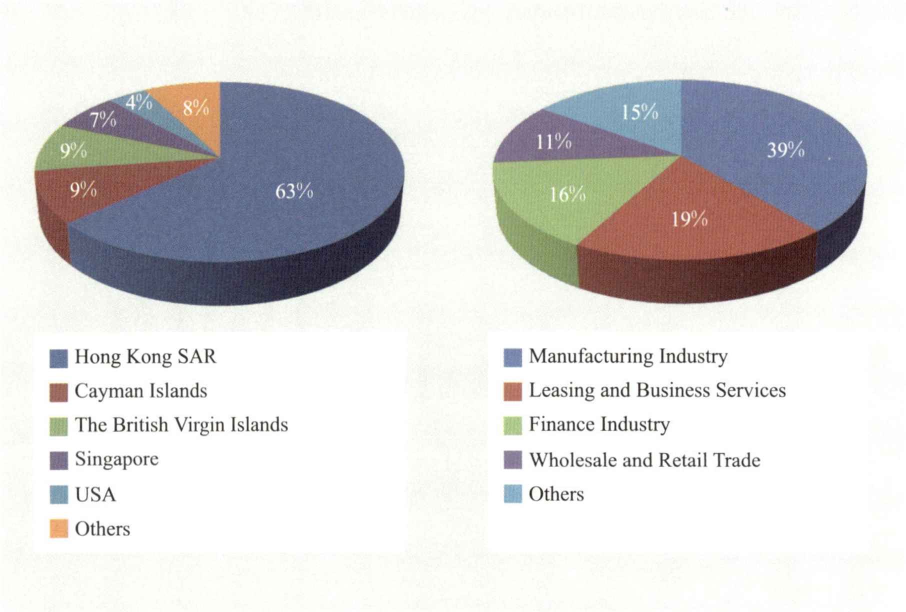

(Source: SAFE)

Inward foreign direct investments in China increased. In 2020, net inflows of inward direct investments (net increase in liabilities①) in China reached USD 212.5 billion, with a year–on–year increase of 14 percent. According to a report by the United Nations Conference on Trade and Development, in 2020 China became the world's largest recipient of foreign investment. The domestic economy took the lead in recovering, and policy measures for "stabilizing foreign investments" were actively promoted, which played a role in stabilizing expectations and confidence in foreign investments.

In terms of the composition of inward foreign direct investments, both equity investments and loans from foreign affiliates increased. First, net inflows of equity investments in China were USD 170 billion (see Chart 2–12), an increase of 5 percent year on year. Equity investments and earnings reinvestments in the form of capital increased. Against the background of first resuming work and production in China, the profitability of foreign–invested enterprises was generally good. Second, China received loans from foreign affiliates in the amount of USD 42.5 billion, an increase of 70 percent, mainly due to the net inflow of USD 28.7 billion in the second half of the year, a year–on–year increase of 1.2 times.

① Direct–investment liabilities are mainly composed of foreign direct investments. This includes reverse investments to domestic parent companies by overseas subsidiaries. The net increase in direct–investment liability transactions, which is positive in the balance–of–payments statement, represents a net inflow.

Chart 2–12 Direct–Investment Liabilities

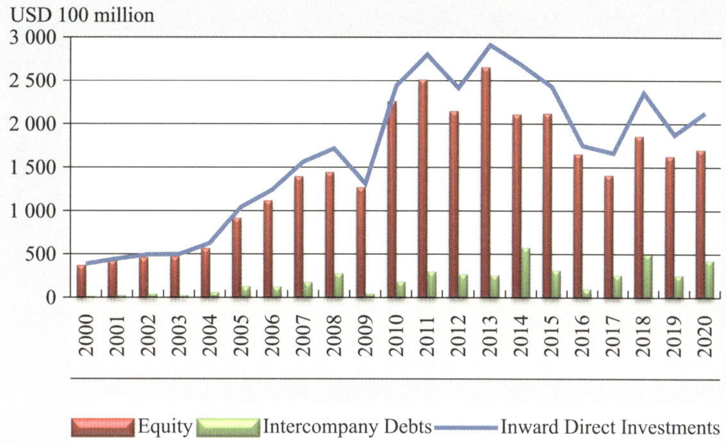

(Source: SAFE)

In terms of sectors, China's non–financial sectors absorbed USD 192.5 billion of direct investments in China, accounting for 90 percent of the net inflows of inward direct investments. Among these, leasing and commercial services absorbed the most foreign direct investments, accounting for 18 percent. The information technology services industry and the manufacturing industry were the second and the third non–financial sectors absorbing direct investments in China, accounting for 17 percent and 16 percent of inward direct investments in China, respectively. At the same time, the non–financial sectors in China mainly absorbed direct investments from Hong Kong SAR, accounting for 80 percent, followed by Singapore and the Cayman Islands, which together accounted for 10 percent of direct investments in the non–financial sectors. The financial sector absorbed USD 20 billion of direct investments in China, an increase of 9 percent.

(IV) Portfolio Investments

Both inward and outward portfolio investments recorded historic highs. In 2020, net inflows of portfolio investments in China were USD 87.3 billion.[①] Among these, net outflows of outward portfolio investments were USD 167.3 billion and net inflows of inward portfolio investments were USD 254.7 billion. Both recorded historic highs since balance–of–payments statistics first became available in 1982 (see Chart 2–13). Two–way cross–border flows under portfolio investments were active.

① Portfolio investments in China's balance of payments in 2020 were positive (net inflows), demonstrating that net inflows of inward portfolio investments in China were greater than net outflows of China's outward portfolio investments.

Chart 2-13 Net Flows Under Portfolio Investments

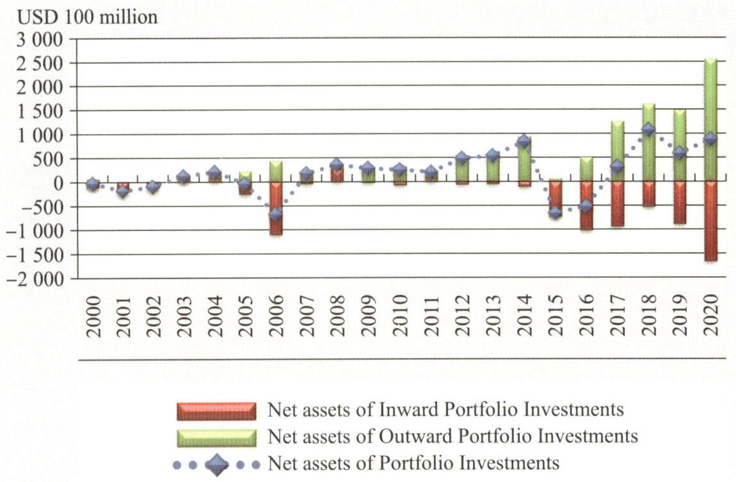

Notes: Positive outward portfolio investments indicate a decrease in equity or bond outward investments, and vice versa. Positive inward portfolio investments indicate an increase in equity or bond inward investments, and vice versa.

(Source: SAFE)

China's outward portfolio investments were mainly equity investments. In 2020, China's net outward portfolio investments (net increase in assets) were USD 167.3 billion, an increase of 87 percent year on year. Among these, equity investments were USD 131 billion, an increase of 3.5 times year on year. On a quarterly basis, although net outflows of outward portfolio investments fluctuated, the amount remained relatively high in each quarter, at USD 51.5 billion, USD 23.6 billion, USD 35.7 billion, and USD 56.6 billion, respectively.

In terms of major channels for outward portfolio investments, First, China invested USD 86.6 billion in overseas equities via the Hong Kong Connect and the Mutual Recognition of Funds, an increase of 1.7 times year on year; Second, domestic financial institutions invested USD 82.6 billion in overseas securities, an increase of 45 percent; Third, outstanding acceptances of letters of credit by foreign banks increased by USD 200 million, a decrease of 22 percent. In addition, China reduced its holdings of domestically-issued panda bonds by USD 2.4 billion. China's outward portfolio investments were mainly invested in the Hong Kong SAR. In 2020, the Hang Seng AH Premium Index remained at its highest level in the past ten years. Judging from indicators such as the price-earnings ratio and the price-to-book ratio, the Hong Kong stock market shows great value and attracts global investors to invest in its security markets.

Inward portfolio investments were dominated by bond investments. In 2020, China's inward portfolio investments (net increase in liabilities) recorded net inflows of USD 254.7 billion, up 73 percent year on year. Among these, net inflows in China's bonds were USD 190.5 billion, up 86 percent; net inflows in China's equities were USD 64.1 billion, up 43 percent. On a quarterly basis, in the first quarter inward portfolio investments recorded a net outflow of USD 1.7 billion due to the impact of the epidemic; from the second to the fourth quarter, inward portfolio investments recorded inflows at an increasing scale, with net inflows of USD 66 billion, USD 79.6 billion, and USD 110.8 billion, respectively.

In terms of the major channels for inward portfolio investments, First, foreign investors invested USD 179.2 billion in the domestic securities market, mainly via the Bond Connect, and made direct investments in the inter–bank bond markets, 1.2 times more than the direct investment in the inter–bank bond markets in 2019. The main investors were foreign central banks, banks, etc. Second, non–residents purchased USD 38.9 billion in domestic–resident–issued overseas stocks and bonds, an increase of 74 percent. Third, investments via the Shanghai Stock Connect and Shenzhen stock connect were USD 30.6 billion, down 39 percent. Fourth, QFII and RQFII recorded a total net inflow of USD 11.1 billion, while there had been a net outflow of USD 2.9 billion in 2019. In addition, banks' acceptances under letters of credit recorded a net outflow of USD 5.1 billion, an increase of 50 percent.

Inward portfolio investments in the domestic market increased significantly, mainly because: first, China's economic fundamentals were the first to recover. In 2020, China became the only major economy in the world to achieve positive economic growth. There were good expectations for foreign investments during China's medium– and long–term economic development. Second, China implemented a prudent monetary policy, and bond yields were relatively attractive among the major economies. Third, China promoted a high–level two–way opening of the financial market, creating a good environment and conditions for domestic and foreign investors to invest across borders. As of the end of 2020, China's bonds were officially included, or were announced to be included, in the indexes of the world's three major bond index providers.

Box3

Acceleration of the Two–way Opening–up of China's Securities Market During the 13th Five–year Plan period

2020 was the closing year of the 13th Five–year Plan and the 30th year of the establishment and operation of China's capital market. During the 13th Five–year Plan period, as the SAFE conscientiously implemented the requirements of the Party Central Committee and the State Council for promoting the formation of a new pattern of comprehensive opening–up, the two–way opening–up of the securities market was significantly accelerated. In 2016, the Shenzhen–Hong Kong stock connect was officially opened. In 2017, a bond connect was officially launched. In 2018, the domestic futures market represented by crude oil futures began to open to the outside world, and A shares were included in the MSCI index. In 2019, the restrictions on QFII /RQFII investment quotas were cancelled, and the Shanghai–London stock connect was officially launched; In 2020, the QFII / RQFII investment scope was further expanded, the access requirements were relaxed, and the capital management requirements were clarified. At the same time, important progress was made in the inclusion of China's treasury bonds into the FTSE Russell WGBI index, and overseas red chip enterprises began to return to the mainland to be listed on the Science and Technology Innovation Board.

As foreign capital continued flowing into the domestic securities market, the market value of domestic securities held by foreign investors increased steadily. During the 13th Five-year Plan period, with further conveniences for foreign investors to participate in domestic securities investments, net inflows of foreign capital and the market value of domestic securities increased significantly. From 2016 to 2020, net purchases by foreign capital of domestic stocks and bonds reached USD 615 billion. Among these purchases, net purchases of A shares totaled USD 150.7 billion, mainly through the Shanghai (Shenzhen)–Hong Kong stock connect channel; Net purchases of domestic bonds amounted to USD 464.3 billion, mainly through the bond connect and inter-bank bond market channels. By the end of 2020, the market value of domestic bonds and stocks held by foreign investors registered at USD 1 054.2 billion, 4.7 times the amount held by foreign investors at the end of 2015. Among the domestic bonds and stocks held by foreign investors, the market value of domestic stocks was USD 542 billion, 5.3 times that in 2015, accounting for 5.3 percent of the total market value of A-shares, 3.8 percentage points higher than that at the end of 2015. The market value of domestic bonds was USD 512.2 billion, 4.2 times of that in 2015, accounting for 3 percent of the total market value of bonds in custody, 1.4 percentage points higher than that at the end of 2015.

As domestic investors entered the overseas markets, demand for overseas investments was met. To actively support domestic investors to "go out" as well as to bring in foreign investors, during the 13th Five-year Plan period, a total of USD 26.8 billion of the QDII quota was issued by the SAFE, and the investment target shares of the Shanghai–Hong Kong stock connect was further expanded. As a result, investments in foreign securities by domestic investors increased steadily. From 2016 to 2020, domestic investors' net purchases in foreign securities reached USD 218.2 billion. Among these purchases, net purchases of Hong Kong stocks through the stock connect were USD 203.9 billion, and net purchases of foreign securities through the QDII channel were USD 14.3 billion. By the end of 2020, the market value of overseas securities held by domestic investors was USD 403.9 billion, 5.4 times that in 2015. Among the overseas securities, the market value of overseas securities held by the Hong Kong stock connect channel was USD 321.3 billion, 25.2 times that in 2015. The market value of overseas securities held by the QDII channel was USD 82.6 billion, 1.3 times that in 2015.

On the whole, during the 13th Five-year Plan period the two-way opening-up pattern of China's securities investments was further formed. On the one hand, "bringing in" was more convenient as the continuously improved level of liberalization and facilitation of investment and financing created a better institutional environment for foreign investments in China's financial market, On the other hand, "going out" was given more consideration, as the channels and supplies for domestic investors to carry out cross-border securities investments were broadened and the global asset allocation needs of domestic investors were effectively met. The current two-way opening-up pattern of securities investments is conducive to accelerating the construction of a new development pattern, with domestic circulation as the main body and domestic and international dual circulation promoting one another during the 14th Five-year Plan period. It will also provide policy guarantees and an open environment for the two-way balanced flow of cross-border capital.

(V) Other Investments

Other investments showed a deficit. In 2020, net outflows (increase in net assets) of other investments were USD 256.2 billion (see Chart 2-14). In particular, net outflows of currency and deposits were USD 53 billion, net outflows of loans registered USD 163.6 billion, net outflows of trade credits were USD 29.4 billion, and net outflows of other receivables and payables were USD 9.8 billion.

Chart 2-14 Net Flows of Other Investments

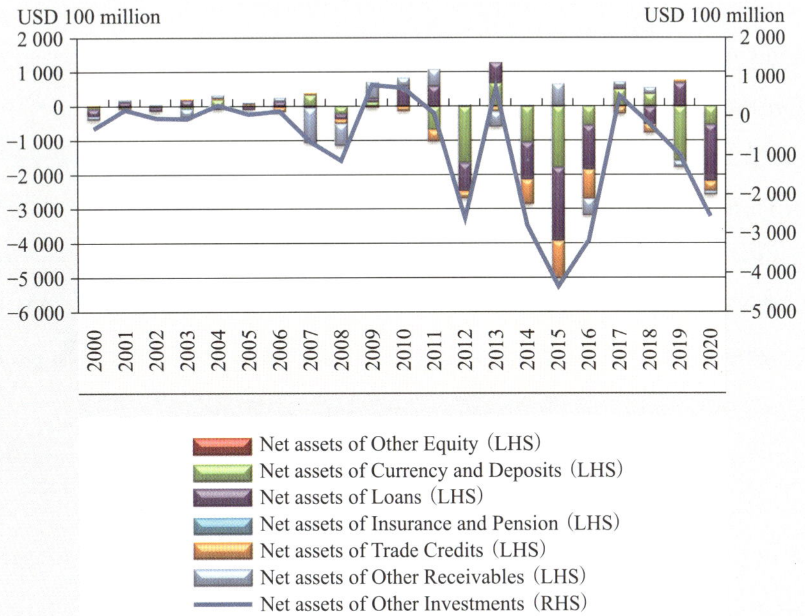

(Source: SAFE)

External assets under other investments increased. In 2020, China's net outflows (net increase in assets) of other investments were USD 314.2 billion. In particular, net outflows of currencies and deposits were USD 130.4 billion, an increase of 28 percent year on year, mainly due to the increase in bank borrowing from abroad and the increase in enterprise deposits abroad against the background of loose liquidity. Loan assets increased by USD 128.2 billion, whereas they had decreased by USD 26 billion in 2019. The increase in exports led to a net outflow of trade credit assets, such as export receivables of USD 36.9 billion, compared with the net inflow of USD 36.8 billion in 2019. Net outflows of other receivables were USD 14.9 billion, an increase of 12 percent year on year.

Liabilities under other investments registered a net inflow. In 2020, China's net inflows of other investments (net increase in liabilities) were USD 57.9 billion, whereas in 2019 there were net outflows (net decrease in liabilities) of USD 43.7 billion. In particular, currency and deposit liabilities registered net inflows of USD 77.4 billion, compared with the net outflows of USD 55.7 billion in 2019. This was mainly due to the increase in deposits from non-resident enterprises and individuals. Liabilities under loans recorded net outflows of USD 35.4 billion, compared with net inflows of USD 42.5 billion in 2019.Net inflows of trade credit liabilities, such as enterprise import payables, were USD 7.6 billion, compared with net outflows of USD 28.8 billion in 2019. Net inflows of other liabilities payable were USD 5.1 billion whereas they had registered net outflows of USD 3.5 billion in 2019.

Box 4

How to Treat the Balance of Payments Financial Account Deficit

In 2020, China's balance of payments continued its new balance model, which contains a surplus in the current account and a deficit in the non-reserve financial account, and the scale of foreign-exchange reserves remained basically stable. To understand this change, we need a new understanding of the financial account, especially the non-reserve financial account.

In recent years, China's balance of payments has formed an independent self-balanced pattern and reserve assets have been basically stable, allowing the current account and the non-reserve financial account to present a mirror-image relationship. In this situation, the current account registers a surplus, while the non-reserve financial account records a deficit, or vice versa. In recent years, with the two-way fluctuation and enhanced elasticity of the RMB exchange rate, cross-border transactions of market entities have supported the small surplus in the current balance as well as the small deficit in the non-reserve financial account.

The deficit in the non-reserve financial account is mainly due to the accumulation of foreign assets by the private sector. In the financial account of China's balance of payments, the increase in external net assets (changes in assets minus changes in liabilities) is represented by a negative value, and the decrease in external net assets is represented by a positive value. When the increase in external assets is greater than the increase in external liabilities, the external net assets are shown as negative. This can be understood as China's external payment outflows being greater than the inflows from abroad, so China can accumulate external net assets. In 2020, the deficit in China's non-reserve financial account reached USD 77.8 billion, mainly due to the large number of foreign investments by the private sector. In particular, this was because, first, portfolio investments by residents increased, reflecting the strong demand for a diversified allocation of assets; second, FDI was rational and orderly; third, the continuous surplus in the current account rendered the liquidity of foreign currency relatively abundant, driving an increase in bank deposits and loans overseas. Also, all external liabilities in China, such as direct investments, portfolio investments, and other investments,recorded net inflows, with no external debt deleveraging. It can be seen that there were surpluses and deficits in each item in the balance of payments. The final result is that China's private sector increased its net external assets.

The increase in foreign investment brings income and expands China's foreign assets further. Similar to the distribution of foreign investment and the sharing of China's economic development achievements, with the improvements in comprehensive national strength, outward direct investments will not only "go out" but also will bring profits, interest, and dividends. From 2000 to 2020, the income of outward direct investments increased from USD 12.3 billion to USD 224.4 billion. This income not only became an important part of the current account income but also increased China's foreign assets.

At present, the internal structure of China's balance of payments is reasonable. In recent years, after China's balance of payments entered the period of an independent balance, the current account has been basically balanced, with a slight surplus, which determines the robustness of the overall structure of the balance of payments.There are no continuous, high-frequency, and large-scale net outflows of funds under the financial account, and the opening of financial market attracts inflows of foreign capital. Overseas assets held by domestic entities have increased simultaneously. Cross-border capital flows have been relatively balanced, and reserve assets have been generally stable. In the future, the optimization of the economic structure, the transformation and upgrading of the manufacturing industry, and the steady progress in opening up to the outside world will remain unchanged and will continue to provide fundamental support for the independent balance of payments.

III

International Investment Position

China's external financial assets and liabilities[①] **were both on the rise.** At end–2020, China's external financial assets reached USD 8 703.9 billion, up 11 percent from end–2019; external liabilities reached USD 6 553.6 billion, up 18 percent; and net assets reached USD 2 150.3 billion, remaining on a high scale (see Chart 3– 1 and Table 3–1).

Chart 3–1 External Financial Assets, Liabilities, and Net Assets

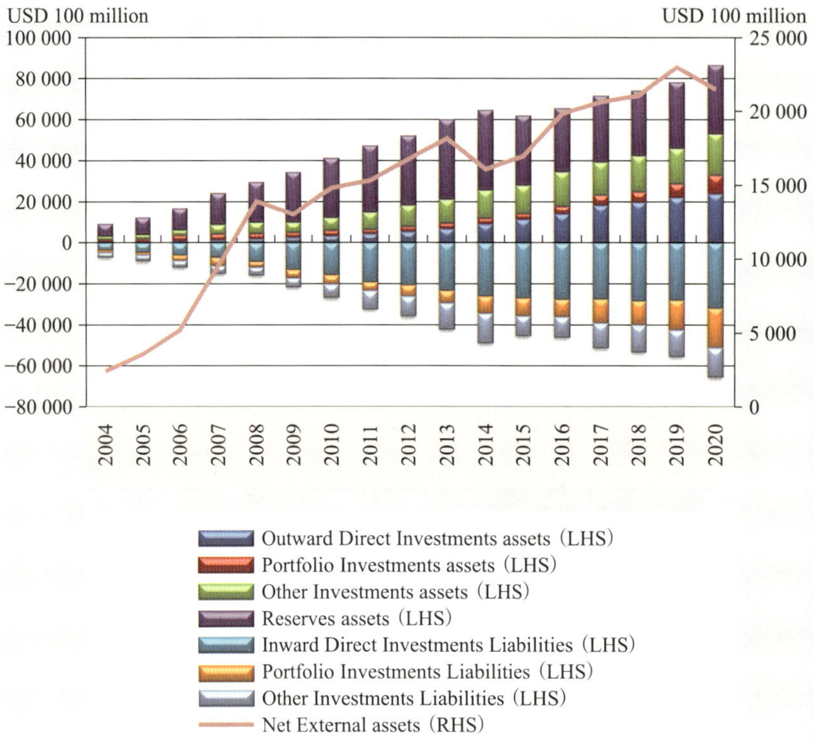

(Source: SAFE)

① External financial assets and liabilities include direct investments, portfolio investments, and other investments, such as deposits and loans. Outward direct investments are included as financial assets because the equity issued by non-resident direct-investment enterprises and held as domestic external financial assets and liabilities include direct investments, portfolio investments, and other investments, such as deposits and loans. Outward direct investments are included as financial assets because the equity issued by non-resident direct-investment enterprises and held by domestic investors is the same type of financial instrument as the equity investments in portfolio investments. The difference is that direct investments require a higher threshold of equity holdings to reflect a significant influence or control over the production and operations of the enterprises. Inward direct investments belong to external financial liabilities because foreign investors hold equity in foreign-owned companies.

Table 3-1 China's International Investment Position at the End of 2020

Unit: USD 100 million

Item	Line No.	2020
Net International Investment Position [①]	**1**	**21 503**
Assets	**2**	**87 039**
1. Direct Investments	**3**	**24 134**
1.1 Equity and investment fund shares	4	20 844
1.2 Debt instruments	5	3 290
1.a Financial sector	6	3 077
1.1.a Equity and investment fund shares	7	2 990
1.2.a Debt instruments	8	87
1.b Non-financial sector	9	21 057
1.1.b Equity and investment fund shares	10	17 854
1.2.b Debt instruments	11	3 203
2. Portfolio Investments	**12**	**8 999**
2.1 Equity and investment fund shares	13	6 043
2.2 Debt securities	14	2 955
3. Financial Derivatives (other than Reserves) and Employee Stock Options	**15**	**191**
4. Other Investments	**16**	**20 149**
4.1 Other equity	17	89
4.2 Currency and deposits	18	4 865
4.3 Loans	19	8 389
4.4 Insurance, pension, and standardized guarantee schemes	20	166
4.5 Trade credit and advances	21	5 972
4.6 Other accounts receivable	22	668
5. Reserve Assets	**23**	**33 565**
5.1 Monetary gold	24	1 182
5.2 Special drawing rights	25	115
5.3 Reserve position in the IMF	26	108
5.4 Foreign currency reserves	27	32 165
5.5 Other reserve assets	28	-5
Liabilities	**29**	**65 536**
1. Direct Investments	**30**	**31 793**
1.1 Equity and investment fund shares	31	28 814
1.2 Debt instruments	32	2 979
1.a Financial sector	33	1 826
1.1.a Equity and investment fund shares	34	1 627
1.2.a Debt instruments	35	199
1.b Non-financial sector	36	29 967
1.1.b Equity and investment fund shares	37	27 187
1.2.b Debt instruments	38	2 780
2. Portfolio Investments	**39**	**19 545**
2.1 Equity and investment fund shares	40	12 543
2.2 Debt securities	41	7 002

① Net position refers to assets minus liabilities; "+" refers to net assets; "-" refers to net liabilities. The notations in this table are based on the principle of rounding.

(Continue)

Item	Line No.	2020
3. Financial Derivatives (other than Reserves) and Employee Stock Options	**42**	**122**
4. Other Investments	**43**	**14 076**
4.1 Other equity	44	0
4.2 Currency and deposits	45	5 266
4.3 Loans	46	4 555
4.4 Insurance, pension, and standardized guarantee schemes	47	167
4.5 Trade credit and advances	48	3 719
4.6 Other accounts payable	49	267
4.7 Special drawing rights	50	101

Source: SAFE.

Reserve assets remained the largest component of total external assets, and private-sector holdings continued to rise. Among the external financial assets, at end-2020 reserve assets amounted to USD 3 356.5 billion, up 4 percent from end-2019. As the largest component of external financial assets, reserve assets accounted for 39 percent of China's total external financial assets, down 2.5 percentage points from end-2019. Direct-investment assets amounted to USD 2 413.4 billion, accounting for 28 percent of total assets, down 0.8 percentage point from end-2019.Portfolio-investment assets amounted to USD 899.9 billion, accounting for 10 percent, up 2 percentage points. Financial-derivative assets amounted to USD 19.1 billion, accounting for 0.2 percent. Other investments, such as loans and deposits, amounted to USD 2 014.9 billion, accounting for 23 percent, up 1.2 percentage points from end-2019 (see Chart 3-2).

Chart 3-2 Changes in the Structure of China's External Financial Assets

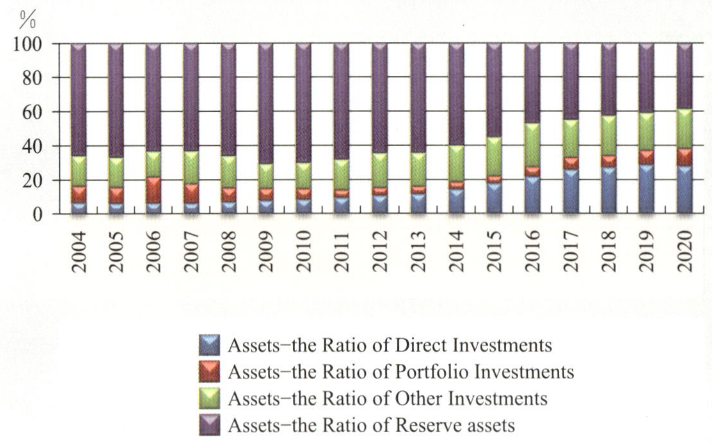

(Source: SAFE)

Foreign direct investments remained the major item in external liabilities, and the proportion of portfolio investments in the domestic market grew steadily. Among the external liabilities, FDI① totaled USD 3 179.3 billion at end-2020, up 14 percent from end-2019, accounting for 49 percent of total external liabilities, down 2 percentage points from end-2019 and remaining the largest component of external liabilities. Foreign portfolio-investment liabilities amounted to USD 1 954.5 billion, accounting for 30 percent, and foreign investments in China's domestic securities market continued to increase. At end-2020, foreign investors' holdings of China's domestic securities were approximately USD 1 054.2 billion. Among these, foreign holdings of stocks accounted for 5.3 percent of the total market value of A-shares, up 1 percentage point from end-2019; holdings of bonds accounted for 3 percent of total domestic bonds under custody, up 0.7 percentage point from end-2019. Other investment liabilities, such as loans and deposits, amounted to USD 1 407.6 billion, accounting for 21 percent, down 1.8 percentage points from end-2019 (see Chart 3-3).

Chart 3-3 The Structure of China's External Liabilities

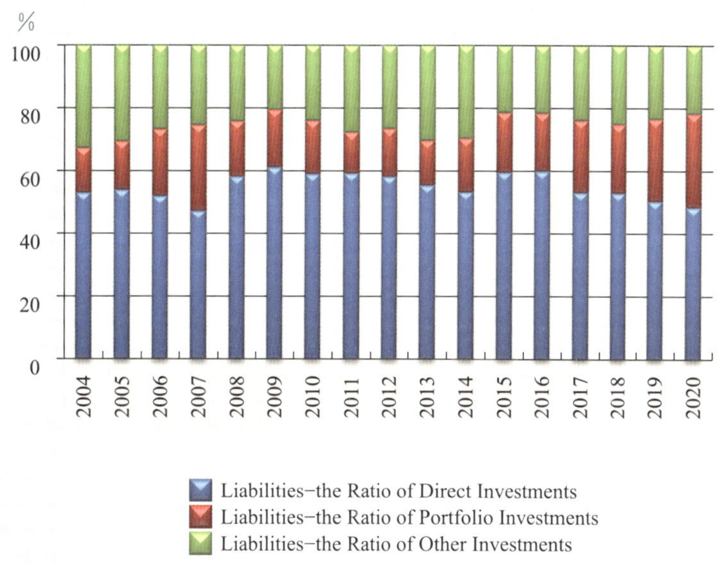

(Source: SAFE)

Two-way investment income in China and abroad was generally stable. On the income payment side, in 2020 income payments for absorbing foreign investments recorded USD 331.5 billion, with a stable rate of return at about 5.5 percent (see Chart 3-4).China became the world's only major economy with positive growth, and the overall profit situation for foreign-invested enterprises

① The inward FDI position includes FDI stocks of both the non-financial sector and the financial sector. The position also reflects the impact of revaluation factors.

was good. At the same time, domestic monetary policy remained normal, returns on RMB assets were relatively stable, and equity and debt assets were favored by foreign investors. On the income revenue side, in the face of the severe recession in the world economy and the negative interest rates in the major economies, domestic entities adhered to the principle of diversification to disperse risks; income from outward investments recorded USD 224.4 billion, maintaining a stable scale.

Chart 3-4 Changes in the Rate of Return on China's External Assets and Liabilities

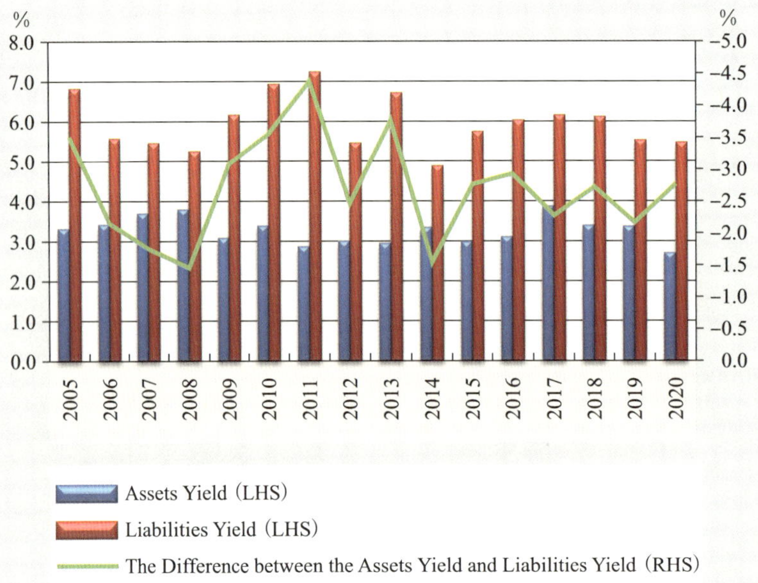

Notes: 1. Yields of assets (liabilities)

$$= \frac{\text{annualized revenue(payments) of investment income}}{\text{(positions at the reference year-end+positions at the previous year-end) /2}}$$

2. The difference between the yields of assets and liabilities = the yield of assets – the yield of liabilities.

(Source: SAFE)

IV

The Operation of the Foreign-Exchange Market and the RMB Exchange Rate

(I) Trends in the RMB Exchange Rate

The exchange rate of the RMB against the USD fluctuated in both directions. At the end of 2020, the central parity of the RMB against the USD was 6.5249, appreciating in 140 trading days and depreciating in 103 trading days, out of the year's total of 243 trading days. The average intraday volatility increased from 0.12 percent in 2019 to 0.18 percent in 2020, and the price difference between the domestic market (CNY) and the overseas market (CNH) maintained a narrow spread (see Chart 4-1). In 2020, despite the drastic fluctuations in international financial markets, the RMB exchange rate against the USD remained basically stable at a reasonable and balanced level, showing steady performance among the global currencies (see Chart 4-2).

Chart 4-1 Trends in the RMB Spot Exchange Rate Against the USD in the Domestic and Offshore Markets, 2020

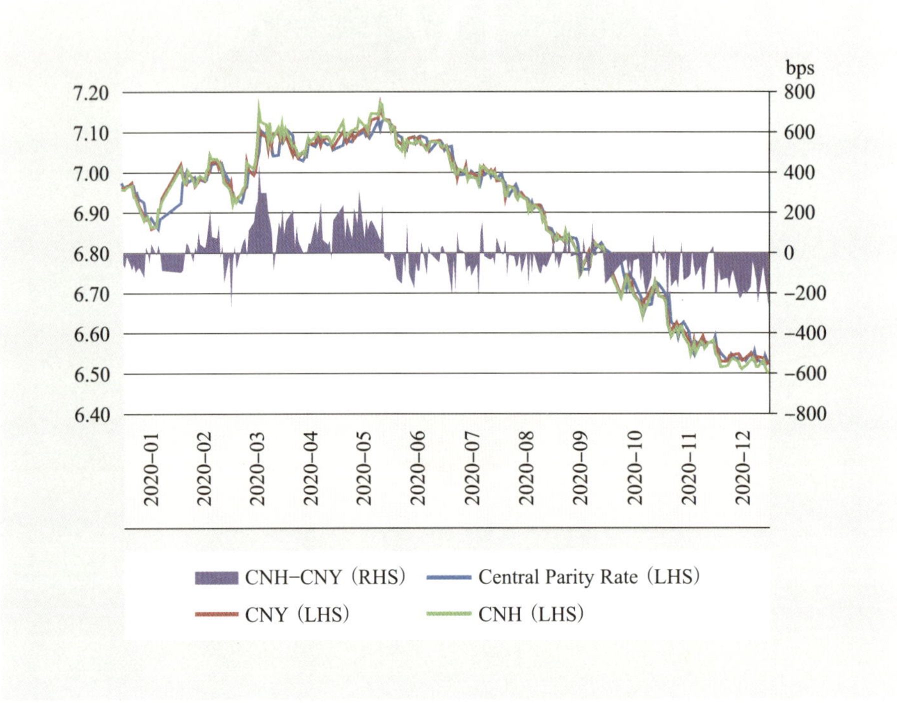

(Sources: CFETS, Reuters)

Chart 4-2 Changes in the Bilateral Exchange Rates of the Major Developed Economies and the Emerging Markets against the USD in 2020

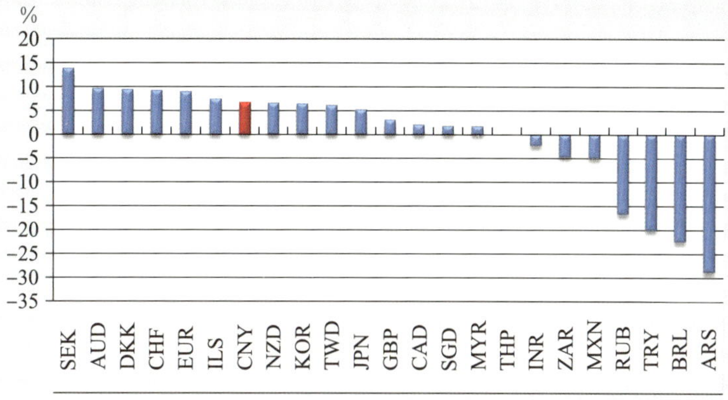

(Source: Reuters)

The RMB exchange rate versus the other major currencies went in different directions. At the end of 2020, the mid-price of the RMB against the EUR, 100JPY, GBP, AUD, CAD, and CHF stood at 8.0250, 6.3236, 8.8903, 5.0163, 5.1161, and 7.4006, respectively, a depreciation of 2.6 percent, an appreciation of 1.3 percent, an appreciation of 2.9 percent, a depreciation of 2.6 percent, an appreciation of 4.4 percent, and a depreciation of 2.7 percent, respectively, compared with the previous year.

The RMB exchange rate was basically stable against a basket of currencies. According to CFETS data, at the end of 2020 the RMB exchange-rate indexes of the CFETS, the BIS basket of currencies, and the SDR basket of currencies were 94.84, 98.68, and 94.23, respectively, an appreciation of 3.8 percent, 3.8 percent, and 2.6 percent, respectively, compared with that at the end of 2019. According to the BIS, the nominal effective exchange rate of the RMB appreciated by 4.0 percent in 2020. Deducting for inflation, the real effective exchange rate of the RMB depreciated by 3.4 percent (see Charts 4-3, 4-4).

Chart 4-3 Trends in the Effective RMB Exchange Rate

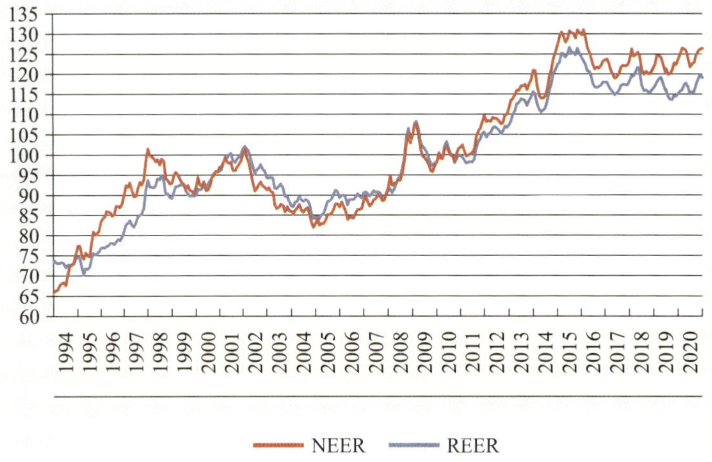

(Source: BIS)

Chart 4-4 Effective Exchange-Rate Movements of the Major Developed and Emerging Market Currencies in 2020

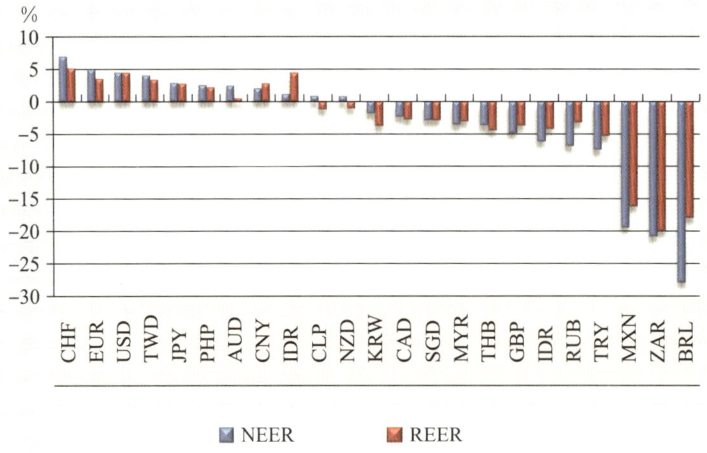

(Source: BIS)

The flexibility of the RMB exchange rate continued to increase. By the end of 2020, the one-year historic volatility of the RMB exchange rate against the USD in the domestic and foreign markets was 4.2 percent and 5.1 percent, respectively, up 0.5 and 0.6 percentage point, respectively, compared with the beginning of the year, and it was at a historic high level. The implied volatility of the option market was 4.7 percent and 6.4 percent, respectively, up by 0.9 and 1.7 percentage point, respectively, compared with the beginning of the year (see Chart 4-5). The flexible RMB exchange rate has played the role of an automatic stabilizer in adjusting the macro economy and the balance of payments, effectively releasing the pressure of external shocks.

Chart 4-5　1-Year Volatility of the RMB against the USD Exchange Rate in Domestic and Foreign Markets

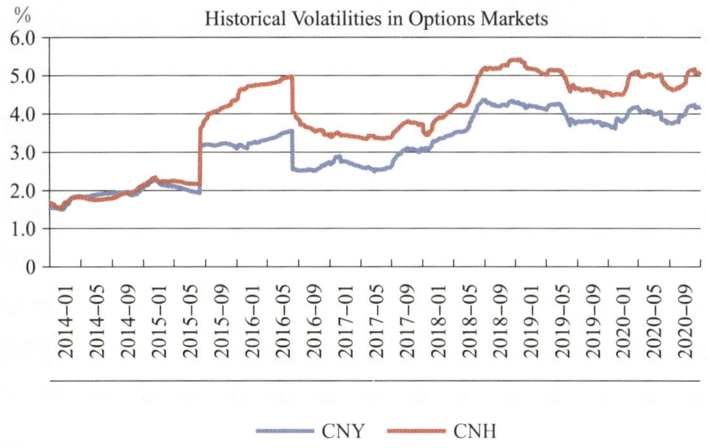

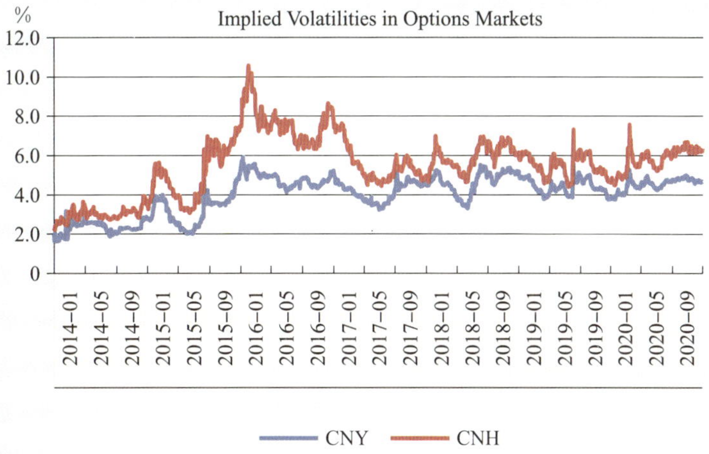

(Source: Bloomberg)

RMB exchange-rate expectations were stable. In 2020, domestic and offshore risk reversals (the difference between the volatility of the USD call / RMB put options and the USD put /RMB call options) first rose and then fell, but generally remained stable, at 0.7 percent and 1.3 percent at the end of the year, respectively, indicating that the market had no obvious expectation of a RMB appreciation or depreciation.

Chart 4-6 The 1-Year Risk Reversals of the RMB Against the USD in the Domestic and Offshore Options Markets

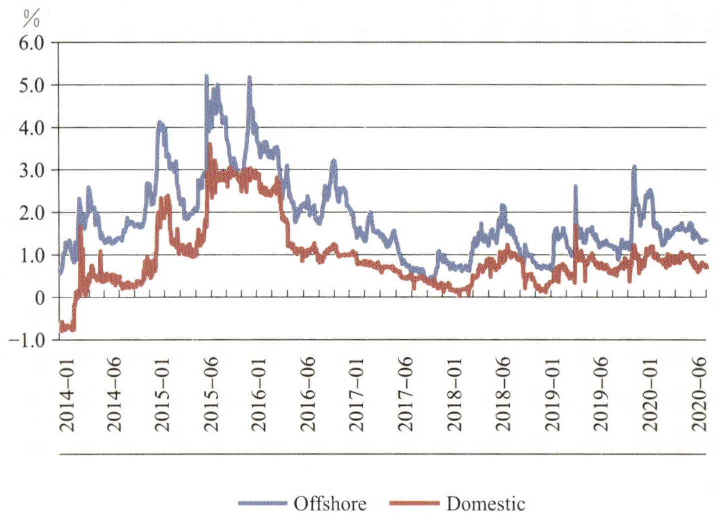

(Source: Bloomberg)

Box 5

Analysis of Global Exchange-Rate Trends in 2020

Due to the impact of COVID-19, in 2020 the global economy fell into its most severe recession since World War Ⅱ, and the USD fluctuated at a high level, with the currencies of 37 out of 78 economies appreciating against the USD (see Table C5-1). The currencies of the major Asian economies rose steadily; the euro and the major European currencies remained strong; the currencies of some countries in Eastern Europe, West Asia, Central Asia, and the American experienced significant depreciations.

Table C5-1 Changes in the Exchange Rates of 78 Economies against the USD

region	size of currency sample	appreciating currency within the region	
		numbers	proportion within the region
Asia	31	16	51.6%
Oceania	2	2	100.0%
Europe	21	15	71.4%
North America	5	1	20.0%
South America	8	1	12.0%
America	11	2	18.2%
Among the 78 economies, 37 of the currencies appreciated, accounting for 47.4 percent.			

Sources: BIS, Wind.

The USD fluctuated at a high level in 2020. According to the index of the dollar against the currencies of the major developed economies and the currencies of the major emerging market economies published by the Federal Reserve, in 2020 the USD fell 5.6 percent against the currencies of other developed economies, while it rose 0.26 percent against the currencies of the emerging market economies. On the whole, in 2020 the USD was at a high level, first rising and then falling, with wide fluctuations (see Chart C5-1).

Chart C5-1 The Dollar Will be Relatively High in 2020

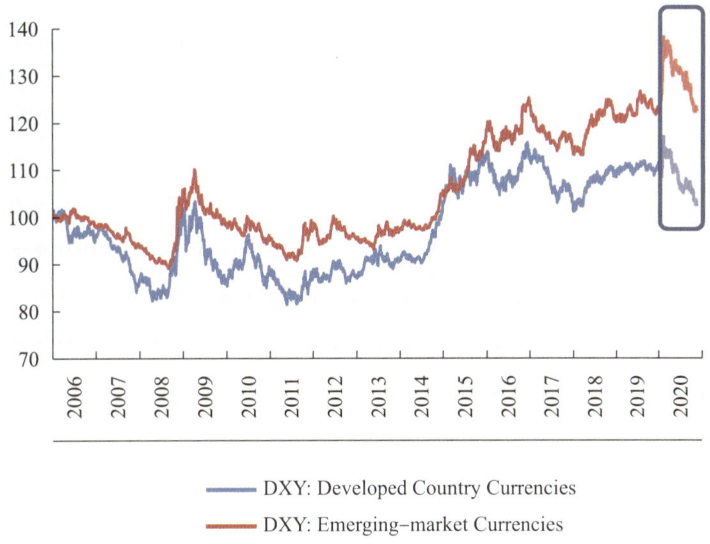

(Source: Federal Reserve)

Overall, the currencies of the Asian and Oceanian economies rose steadily, but the currencies of the Central Asian and some Western Asian countries performed less well. In 2020, most of the currencies of the major Asian economies appreciated slightly against the USD, with the RMB, Korean won, Japanese yen, and Philippine peso appreciating more than 5 percent against the USD in the whole year, while volatility was significantly lower than that in other parts of the world. The Australian dollar and the New Zealand dollar in Oceania continued to rise, with the Australian dollar gaining more than 10 percent as a result of stronger demand for commodities, such as minerals and natural gas, on the back of a recovering global economy. The currencies of the Central Asian countries generally depreciated sharply and exchange-rate volatility was high. The depreciation of the Turkish lira in West Asia was the largest depreciation in Asia, mainly due to the economic downturn in recent years, high inflation, and the continued decline of foreign-exchange reserves in Turkey.

The currencies of the European economies were the strongest performers, but the Eastern European countries saw significant depreciations. The Swedish krona was the world's "strongest currency." The euro, Swiss franc, and Danish krone were also relatively strong. The main reason is that the above-mentioned currencies have certain hedging functions and the corresponding economies maintain trade surpluses. The Riks bank kept interest rates unchanged throughout 2020. The Eastern European currencies fell sharply across the region, largely because of geopolitical factors and plunging global oil prices.

The performance of currencies in North and South America diverged. The Canadian dollar in North America and the Chilean peso in South America were both relatively stable, but the Mexican peso in North America and the Uruguayan peso, the Brazilian real, and the Argentine peso in South America were generally devalued, and both the bilateral and multilateral exchange rates against the USD dropped significantly. These countries have been plagued by economic downturns and high inflation for years, and the impact of the epidemic further raised investors' concerns about their fiscal positions, sending their currencies into a downward spiral of a sustained depreciation.

The overall performance of the African currencies was poor, with a general depreciation and high volatility. African countries across the continent faced deteriorating government finances and poor growth prospects. Among them, the rand of South Africa, the most important economy in the African region, depreciated by more than 5 percent against the USD in 2020, with volatility exceeding 7 percent.

In general, against the background of the epidemic, the major developed countries adopted extremely loose monetary and fiscal policies, and international financial markets fluctuated significantly. The fluctuation of the USD had a great impact on global currency. However, the differing performances of the exchange rates of the various countries fully show that the economic fundamentals are the cornerstone of stability in a country's currency.

(II) Transactions in the Foreign-Exchange Market

In 2020, the cumulative trading volume of the RMB/foreign-currency market totaled USD 30.0 trillion, an increase of 3.0 percent compared with that in 2019, with an average daily trading volume of USD 123.4 billion (see Chart 4-7). The total trading volume in the client market and the inter-bank market were USD 4.6 trillion and USD 25.4 trillion[①], respectively. Spot and derivative transactions witnessed a trading volume of USD 12.0 trillion and USD 18.0 trillion, respectively (see Table 4-1). Derivatives accounted for 60 percent of the total transactions in the foreign-exchange market (see Chart 4-8).

① The client market uses the total volume of both purchases and sales of foreign exchange. The inter-bank market uses the unilateral trading volume. The same as below.

Chart 4-7 Trading Volume in China's Foreign-Exchange Market

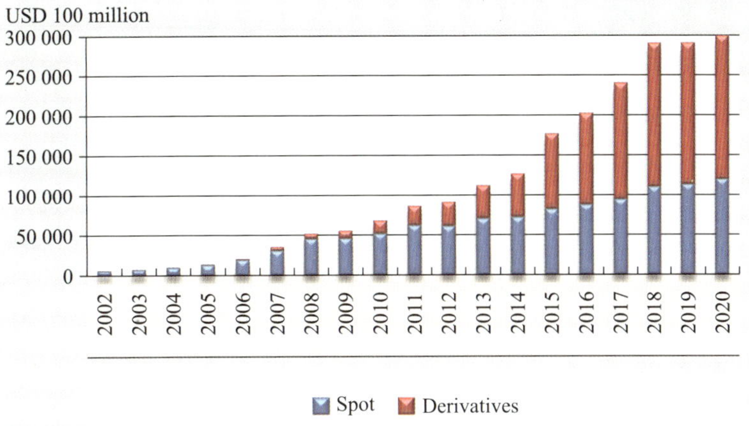

(Sources: SAFE, CFETS)

Chart 4-8 Comparison of the Structure of Products in the Domestic and Global Foreign-Exchange Markets

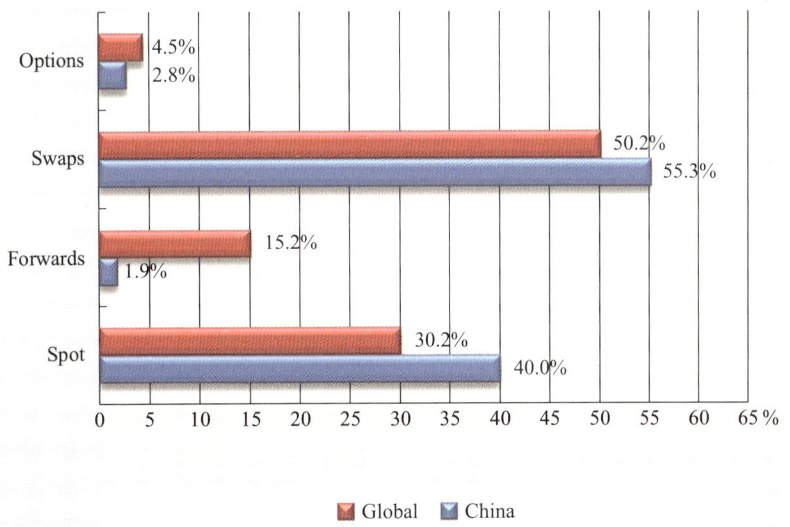

Notes: Data for China are for 2020; the global data have been adopted from the BIS survey in April 2019.

(Sources: SAFE, CFETS, BIS)

Spot foreign-exchange transactions grew steadily. In 2020, the spot market saw a trading volume of USD 12.0 trillion, up 5.6 percent from 2019. In terms of market distribution, spot purchases and sales of foreign exchange in the client market totaled USD 3.6 trillion (including the banks' proprietary trading, but excluding the performance of forwards), up 5.8 percent compared with 2019.

The spot inter-bank foreign-exchange market saw a trading volume of USD 8.4 trillion, up 5.6 percent. The share of USD transactions was 96 percent.

Foreign-exchange forward transactions increased sharply. In 2020, the forward market saw a cumulative trading volume of USD 564.3 billion, up 48 percent from 2019. In terms of market distribution, in the client market purchases and sales of forwards in foreign exchange totaled USD 460 billion, of which purchases and sales of forwards were USD 305.3 billion and 154.7 billion, up 51 percent, 36 percent, and 94 percent, respectively (see Chart 4-9). Short-term 6-month transactions accounted for 69 percent, down 1 percentage point compared with 2019. The inter-bank forward market saw a cumulative trading volume of USD 104.4 billion, up 37 percent year on year.

Chart 4-9 The Trading Volume of Purchases and Sales of Forward Foreign-Exchange Transactions in the Client Market

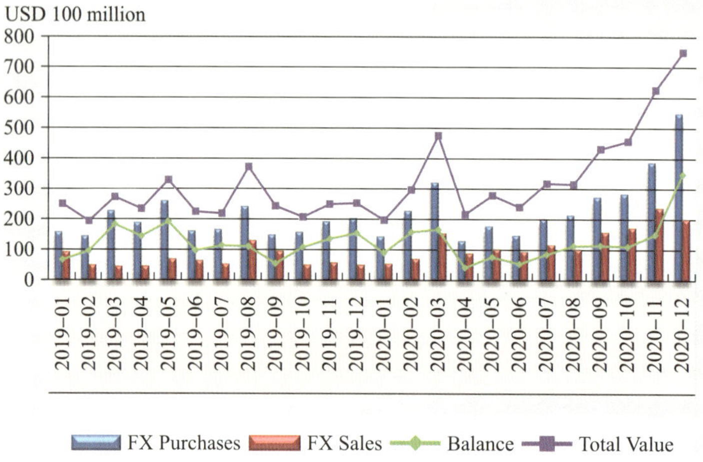

(Source: SAFE)

Swap trading rose slightly. In 2020, cumulative foreign-exchange and currency-swap transactions totaled USD 16.6 trillion, up 0.3 percent from 2019. In terms of market distribution, cumulative foreign-exchange and currency-swap transactions in the client market reached USD 239.5 billion, up 100.4 percent. Spot purchases/forward sales and spot sales/forward purchases reached USD 181.6 billion and USD 57.9 billion, respectively, up 76.4 percent and 250.6 percent, respectively. The inter-bank foreign exchange and currency-swap markets, which play an important role in local and foreign currency liquidity management by banks, saw cumulative transactions of USD 16.4 trillion, down 0.4 percent.

Options transactions fell slightly. In 2020, the trading volume of options totaled USD 841.2 billion, down 1.0 percent from 2019. In terms of market distribution, the client market saw a total trading volume of USD 274.6 billion, up 2.1 percent. The inter-bank market saw a total trading volume of USD 566.7 billion, down 2.5 percent.

The foreign-exchange hedge rate of enterprises increased. As the two-way volatility of the RMB exchange rate increased, enterprises actively adopted various methods to manage exchange-rate risks, such as RMB pricing and settlements, foreign-exchange derivatives transactions, and a natural balance of imports and exports. It is estimated that the foreign-exchange hedge rate[①] increased by 3 percentage points to 17.1 percent in 2020 compared to 2019, showing that the role of the foreign-exchange derivatives market in serving the real economy was further enhanced.

The structure of foreign-exchange market participants remained stable. Proprietary transactions by banks continued to dominate (see Chart 4-10). The share of inter-bank trading in the overall foreign-exchange market declined slightly, from 85.9 percent in 2019 to 84.7 percent in 2020. The market share of non-financial clients and non-bank financial institutions increased from 14.0 percent to 14.8 percent; The market share of transactions by non-bank financial institutions edged up to 1.1 percent from 0.8 percent in 2019.

Chart 4-10 The Structure of Participants in China's Foreign-Exchange Markets

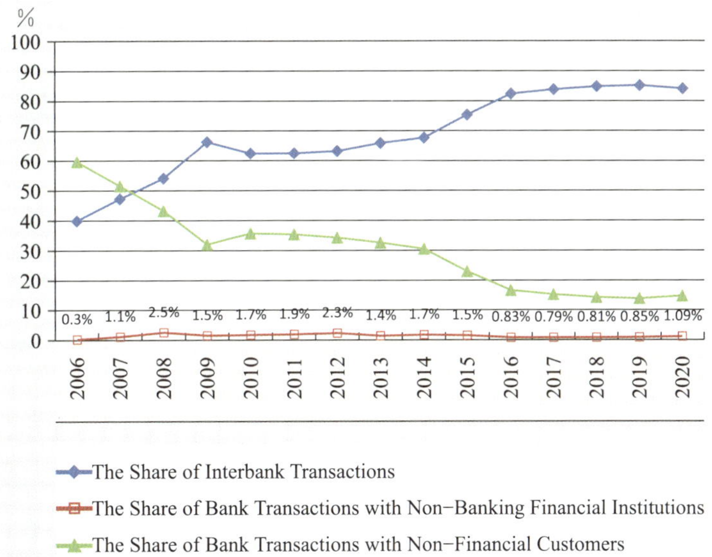

(Sources: SAFE, CFETS)

① Hedge rate = (bank to client forward settlement and sale contracts + bank to client foreign-exchange options contracts)/(bank to client spot settlement and sale + bank to client forward settlement and sale contracts + bank to client foreign-exchange options contracts).

Table 4–1 Transactions in the RMB/Foreign–Exchange Market, 2020

Unit: USD 100 million

Product	Trading Volume
Spot	**119 958**
Client Market	**36 177**
Interbank Foreign Exchange Market	**83 782**
Forward	**5 643**
Client Market	**4 600**
Less than 3 months (including 3 months)	2 120
3 months to 1 year (including 1 year)	2072
More than 1 year	408
Interbank Foreign Exchange Market	**1 044**
Less than 3 months (including 3 months)	819
3 months to 1 year (including 1 year)	173
More than 1 year	51
Foreign Exchange and Currency Swaps	**165 860**
Client Market	**2 395**
Interbank Foreign Exchange Market	**163 465**
Less than 3 months (including 3 months)	142 473
3 months to 1 year (including 1 year)	20 339
More than 1 year	653
Options	**8 412**
Client Market	**2 746**
Foreign Exchange Call Options/RMB Put Options	1 291
Foreign Exchange Put Options/RMB Call Options	1 455
Less than 3 months (including 3 months)	1 218
3 months to 1 year (including 1 year)	1 274
More than 1 year	253
Interbank Foreign Exchange Market	**5 667**
Less than 3 months (including 3 months)	3 975
3 months to 1 year (including 1 year)	1 682
More than 1 year	9
Total	**299 874**
Including: Client Market	45 917
Interbank Foreign Exchange Market	253 957
Including: Spots	119 958
Forwards	5 643
Foreign Exchange and Currency Swaps	165 860
Options	8 412

Notes: The trading volumes here are all unilateral transactions and the data employ rounded–off numbers.

Sources: SAFE, CFETS.

V

Outlook for the Balance of Payments

The global COVID-19 epidemic continued in 2021, and the unstable factors in international economic and financial operations still exist, including the derivative risks caused by the outbreak of the epidemic, the continuous high tensions in international financial markets, the spiked liabilities of some countries, etc. However, the good long-term fundamentals of the domestic economy have not changed. China will consolidate and expand its achievements in epidemic prevention and control and in economic and social development, accelerate the construction of a new development pattern with domestic circulation as the main body and domestic and international dual circulation promoting one another, persist in promoting the high-level two-way opening of the financial market, and maintain the basic stability of the RMB exchange rate at a reasonable and balanced level. These factors will help maintain a basic balance in international payments.

In the domestic and external environments, there are more factors conducive to China's balance of payments. From a fundamental perspective, the foundation for healthy and stable operation of the domestic economy has been consolidated. Under the new development pattern, actively promoting the coordinated development of domestic and foreign demand, imports, and exports, the introduction of foreign capital and foreign investment will help maintain a basic equilibrium in the balance of payments. From a policy perspective, building a new higher-level economic system and promoting the liberalization and facilitation of cross-border trade and investment will help promote a two-way and balanced flow of domestic and foreign capital. From the perspective of market conditions, the enhanced flexibility of the RMB exchange rate and the enhanced depth, breadth, and maturity of the foreign-exchange market will help for the exchange rate to continue to play the role of an automatic stabilizer in the balance of payments. If the COVID-19 vaccine spreads globally with apparent effects, the world economy and trade activities will gradually recover and the impact on China's macro-economy will be positive.

The current account surplus is expected to remain within a reasonable range. First, trade in goods will maintain a certain scale of surplus. If the global epidemic stabilizes, the overseas industrial chain and supply chain will gradually be repaired. Since December 2020, the purchasing manager index (PMI) of the manufacturing industry in the United States, Germany, Japan, and other major countries has exceeded the pre-epidemic level, indicating that the manufacturing industry has improved. At the same time, the global economic recovery and the boost in external demand will support China's exports. Second, it is difficult for the deficit in the services trade to recover to the pre-epidemic level in the short term. If greater progress is made in global epidemic prevention and control and restrictions on the mobility of cross-border personnel are relaxed, outbound travel expenses will gradually increase. Based on the above factors, it is expected that the current account will maintain a reasonable surplus.

Cross-border capital flows are expected to continue to perform in a pattern of a two-way flow with an overall equilibrium. On the one hand, prospects for China's economic development are good and the business environment is constantly improving, which will attract long-term foreign capital to further develop in China. At the same time, the opening of the financial market has been steadily promoted, stocks and bonds have been included in the major global indexes, and RMB assets are still attractive to global investors. On the other hand, China will adhere to promoting a high–level two–way opening of the financial market, continue to broaden foreign investment channels, and better meet the demand for a diversified allocation of overseas assets by domestic entities. Overseas assets held by the private sector are expected to increase further so as to play a role in balancing cross–border capital flows.

2021 is the beginning year of the 14th Five–year Plan. The foreign exchange administration will adhere to the guidance of Xi Jinping's China's socialist ideology for the new era, base itself on a new stage of development, implement a new development concept, and build a new development pattern, continue to do well in "six stability" work, implement the tasks of the "six guarantees", and deepen the reform and opening up in the foreign–exchange field. We will improve the foreign–exchange management system and mechanism that are compatible with the new open economic system at a higher level, take various measures to maintain a basic balance in international payments, and celebrate the 100th anniversary of the founding of the party with outstanding achievements.

On the one hand, **we will continue to promote the reform of trade and facilitation of investment, promote the opening of the financial market, continuously strengthen the construction of the foreign-exchange market, and serve the development of the real economy.** First is to continue to promote the two–way opening of the capital account, including the pilot on the integration of the pool of local and foreign currency funds of multinational companies; we will promote the QDLP/QFLP pilot project, expand the scope of the QDLP pilot project, improve the QDLP investment reporting system, and perfect the normalized quota issuance mechanism for qualified domestic institutional investors (QDII); we will continue to promote the reform of foreign debt registration management and improve the management of funds for overseas institutions to issue stocks and bonds in China. Second is to expand the pilot on the facilitation of trade and foreign–exchange receipts and payments, support the development of new trade formats, such as cross–border e–commerce, market procurements, and comprehensive foreign–trade services, and improve online verifications of tax filing information on foreign–exchange for service–trade payments. Third is to support the construction of "two zones" in Beijing, the reform and opening up of Shanghai international financial center, Guangdong, Hong Kong, Macao, and the Hainan free trade port, and the reform and innovation of foreign–exchange management in the pilot free trade zone. Fourth is to build an open, multi–functional foreign–exchange market and to support financial institutions to launch more foreign–exchange derivatives to meet market demand.

On the other hand, **we should prevent the risks of cross-border capital flows and safeguard national economic and financial security.** First is to adhere to the principle of marketization and to give full play to the role of the exchange rate to regulate the macro–economy and the balance of payments. Second is to improve the integrated management framework of "macro prudence+ micro supervision" in the foreign-exchange market, strengthen the two-way monitoring and risk assessment of cross-border capital flows and the foreign-exchange market, improve the management of cross-border capital flows by strengthening macro prudence as the core, improve micro supervision of the foreign-exchange market by changing the supervision method, and crack down on underground banks and illegal activities in the field of foreign exchange, such as cross-border gambling, with a "zero tolerance" attitude. Third is to strengthen management of market expectations and guide financial institutions and enterprises to establish a "risk neutral" principle. Fourth is to improve the operation and management of foreign-exchange reserves, adhere to the principle of marketization, do a good job in strategic allocations in a forward-looking manner, dynamically optimize the investment portfolio, and strive to ensure the safety, liquidity, and value maintenance and appreciation of foreign-exchange reserve assets.

附录　统计资料

Appendix Statistics

一、国际收支①

I. Balance of Payments

中国经常项目差额与资本和金融项目差额

China’s Current Account Balance & Capital and Financial Account Balance

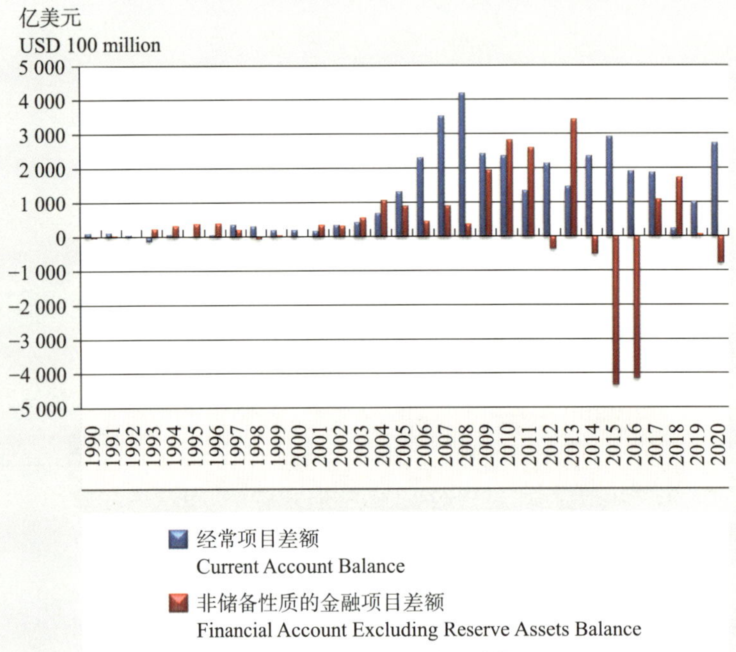

① 资料来源：国家外汇管理局；IMF《国际收支统计》《国际金融统计》；环亚经济数据库。
Sources: SAFE. IMF, *Balance of Payments Statistics, International Financial Statistics*. CEIC Database.

中国国际收支概览表（1）

China's Balance of Payments Abridged

单位：亿美元　Unit: USD 100 million

项目 / 年份 Item/Year	2003	2004	2005	2006	2007	2008
1. 经常账户 Current Account	**431**	**689**	**1 324**	**2 318**	**3 532**	**4 206**
贷方 Credit	4 825	6 522	8 403	10 779	13 832	16 597
借方 Debit	−4 395	−5 833	−7 080	−8 460	−10 300	−12 391
A. 货物和服务 Goods and Services	**358**	**512**	**1 246**	**2 089**	**3 080**	**3 488**
贷方 Credit	4 480	6 074	7 733	9 917	12 571	14 953
借方 Debit	−4 121	−5 562	−6 487	−7 828	−9 490	−11 465
a. 货物 Goods	**398**	**594**	**1 301**	**2 157**	**3 117**	**3 599**
贷方 Credit	3 966	5 429	6 949	8 977	11 316	13 500
借方 Debit	−3 568	−4 835	−5 647	−6 820	−8 199	−9 901
b. 服务 Services	**−40**	**−82**	**−55**	**−68**	**−37**	**−111**
贷方 Credit	513	645	785	941	1 254	1 453
借方 Debit	−553	−727	−840	−1 008	−1 291	−1 564
B. 初次收入 Primary Income	**−102**	**−51**	**−161**	**−51**	**80**	**286**
贷方 Credit	161	206	393	546	835	1 118
借方 Debit	−263	−257	−554	−597	−754	−832
C. 二次收入 Secondary Income	**174**	**229**	**239**	**281**	**371**	**432**
贷方 Credit	185	243	277	316	426	526
借方 Debit	−10	−14	−39	−35	−55	−94
2. 资本和金融账户 Capital and Financial Account	**−513**	**−819**	**−1 553**	**−2 355**	**−3 665**	**−4 394**
2.1 资本账户 Capital account	**0**	**−1**	**41**	**40**	**31**	**31**
贷方 Credit	0	0	42	41	33	33
借方 Debit	**0**	**−1**	**−1**	**−1**	**−2**	**−3**
2.2 金融账户 Financial Account	**−512**	**−818**	**−1 594**	**−2 395**	**−3 696**	**−4 425**
资产 Assets	−1 212	−1 916	−3 352	−4 519	−6 371	−6 087
负债 Liabilities	699	1 098	1 758	2 124	2 676	1 662
2.2.1 非储备性质的金融账户 Financial account excluding reserve assets	549	1 082	912	453	911	371
资产 Assets	−150	−16	−845	−1 671	−1 764	−1 291
负债 Liabilities	699	1 098	1 758	2 124	2 676	1 662
直接投资 Direct investment	494	601	904	1 001	1 391	1 148
资产 Assets	0	−20	−137	−239	−172	−567
负债 Liabilities	495	621	1 041	1 241	1 562	1 715
证券投资 Portfolio investment	114	197	−47	−684	164	349
资产 Assets	30	65	−262	−1 113	−45	252
负债 Liabilities	84	132	214	429	210	97

续表 (Continue)

项目 / 年份 Item/Year	2003	2004	2005	2006	2007	2008
金融衍生工具 Financial derivatives (other than reserves) and employee stock options	0	0	0	0	0	0
资产 Assets	0	0	0	0	0	0
负债 Liabilities	0	0	0	0	0	0
其他投资 Other investment	−60	283	56	136	−644	−1 126
资产 Assets	−180	−61	−447	−319	−1 548	−976
负债 Liabilities	120	345	502	455	904	−150
2.2.2 储备资产 Reserve assets	−1 061	−1 901	−2 506	−2 848	−4 607	−4 795
其中：外汇储备 Foreign exchange reserve	−1 060	−1 904	−2 526	−2 853	−4 609	−4 783
3. 净误差与遗漏 Net Errors and Omissions	**82**	**130**	**229**	**36**	**133**	**188**

中国国际收支概览表（2）

China's Balance of Payments Abridged

单位：亿美元 Unit: USD 100 million

项目 / 年份 Item/Year	2009	2010	2011	2012	2013	2014
1. 经常账户 Current Account	**2 433**	**2 378**	**1 361**	**2 154**	**1 482**	**2 360**
贷方 Credit	14 006	17 959	22 087	23 933	25 927	27 434
借方 Debit	−11 574	−15 581	−20 726	−21 779	−24 445	−25 074
A. 货物和服务 Goods and Services	**2 201**	**2 230**	**1 819**	**2 318**	**2 354**	**2 213**
贷方 Credit	12 497	16 039	20 089	21 751	23 556	24 629
借方 Debit	−10 296	−13 809	−18 269	−19 432	−21 202	−22 416
a. 货物 Goods	**2 435**	**2 464**	**2 287**	**3 116**	**3 590**	**4 350**
贷方 Credit	11 272	14 864	18 078	19 735	21 486	22 438
借方 Debit	−8 836	−12 400	−15 791	−16 619	−17 896	−18 087
b. 服务 Services	**−234**	**−234**	**−468**	**−797**	**−1 236**	**−2 137**
贷方 Credit	1 226	1 175	2 010	2 016	2 070	2 191
借方 Debit	−1 460	−1 409	−2 478	−2 813	−3 306	−4 329
B. 初次收入 Primary Income	**−85**	**−259**	**−703**	**−199**	**−784**	**133**
贷方 Credit	1 083	1 424	1 443	1 670	1 840	2 394
借方 Debit	−1 168	−1 683	−2 146	−1 869	−2 624	−2 261
C. 二次收入 Secondary income	**317**	**407**	**245**	**34**	**−87**	**14**
贷方 Credit	426	495	556	512	532	411
借方 Debit	−110	−88	−311	−477	−619	−397
2. 资本和金融账户 Capital and financial Account	**−2 019**	**−1 849**	**−1 223**	**−1 283**	**−853**	**−1 692**
2.1 资本账户 Capital Account	**39**	**46**	**54**	**43**	**31**	**0**
贷方 Credit	42	48	56	45	45	19
借方 Debit	−3	−2	−2	−3	−14	−20

续表 (Continue)

项目 / 年份 Item/Year	2009	2010	2011	2012	2013	2014
2.2 金融账户 Financial Account	**−2 058**	**−1 895**	**−1 278**	**−1 326**	**−883**	**−1 691**
资产 Assets	−4 283	−6 536	−6 136	−3 996	−6 517	−5 806
负债 Liabilities	2 225	4 641	4 858	2 670	5 633	4 115
2.2.1 非储备性质的金融账户 Financial account excluding reserve assets	1 945	2 822	2 600	−360	3 430	−514
资产 Assets	−280	−1 819	−2 258	−3 030	−2 203	−4 629
负债 Liabilities	2 225	4 641	4 858	2 670	5 633	4 115
直接投资 Direct investment	872	1 857	2 317	1 763	2 180	1 450
资产 Assets	−439	−580	−484	−650	−730	−1 231
负债 Liabilities	1 311	2 437	2 801	2 412	2 909	2 681
证券投资 Portfolio investment	271	240	196	478	529	824
资产 Assets	−25	−76	62	−64	−54	−108
负债 Liabilities	296	317	134	542	582	932
金融衍生工具 Financial derivatives (other than reserves) and employee stock options	0	0	0	0	0	0
资产 Assets	0	0	0	0	0	0
负债 Liabilities	0	0	0	0	0	0
其他投资 Other investment	803	724	87	−2 601	722	−2 788
资产 Assets	184	−1 163	−1 836	−2 317	−1 420	−3 289
负债 Liabilities	619	1 887	1 923	−284	2 142	502
2.2.2 储备资产 Reserve assets	−4 003	−4 717	−3 878	−966	−4 314	−1 178
其中：外汇储备 Foreign exchange reserve	−3 821	−4 696	−3 848	−987	−4 327	−1 188
3. 净误差与遗漏 Net Errors and Omissions	**−414**	**−529**	**−138**	**−871**	**−629**	**−669**

中国国际收支概览表（3）

China's Balance of Payments Abridged

单位：亿美元　Unit: USD 100 million

项目 / 年份 Item/Year	2015	2016	2017	2018	2019	2020
1. 经常账户 Current Account	**2 930**	**1 913**	**1 887**	**241**	**1 029**	**2 740**
贷方 Credit	26 199	24 555	27 471	29 473	29 304	30 117
借方 Debit	−23 269	−22 641	−25 585	−29 231	−28 275	−27 377
A. 货物和服务 Goods and Services	**3 579**	**2 557**	**2 170**	**879**	**1 318**	**3 697**
贷方 Credit	23 602	21 979	24 293	26 510	26 310	27 324
借方 Debit	−20 023	−19 422	−22 123	−25 631	−24 992	−23 627
a. 货物 Goods	**5 762**	**4 889**	**4 759**	**3 801**	**4 253**	**5 150**
贷方 Credit	21 428	19 895	22 162	24 174	23 990	24 972

续表 (Continue)

项目 / 年份 Item/Year	2015	2016	2017	2018	2019	2020
借方 Debit	−15 666	−15 006	−17 403	−20 374	−19 737	−19 822
b. 服务 Services	**−2 183**	**−2 331**	**−2 589**	**−2 922**	**3 930**	**−1 453**
贷方 Credit	2 174	2 084	2 131	2 336	23 866	2 352
借方 Debit	−4 357	−4 415	−4 720	−5 257	−19 936	−3 805
B. 初次收入 Primary Income	**−522**	**−549**	**−165**	**−614**	**−392**	**−1 052**
贷方 Credit	2 238	2 267	2 897	2 685	2 735	2 417
借方 Debit	−2 760	−2 815	−3 062	−3 299	−3 127	−3 469
C. 二次收入 Secondary Income	**−126**	**−95**	**−119**	**−24**	**103**	**95**
贷方 Credit	359	309	282	278	259	376
借方 Debit	−486	−404	−400	−302	−157	−281
2. 资本和金融账户 Capital and Financial Account	**−912**	**272**	**179**	**1 532**	**263**	**−1 058**
2.1 资本账户 Capital Account	**3**	**−3**	**−1**	**−6**	**−3**	**−1**
贷方 Credit	5	3	2	3	2	2
借方 Debit	−2	−7	−3	−9	−5	−2
2.2 金融账户 Financial Account	**−915**	**276**	**180**	**1 538**	**266**	**−1 058**
资产 Assets	95	−2 320	−4 239	−3 620	−2 605	−6 263
负债 Liabilities	−1 010	2 596	4 419	5 158	2 871	5 206
2.2.1 非储备性质的金融账户 Financial account excluding reserve assets	−4 345	−4 161	1 095	1 727	73	−778
资产 Assets	−3 335	−6 756	−3 324	−3 432	−2 798	−5 983
负债 Liabilities	−1 010	2 596	4 419	5 158	2 871	5 206
直接投资 Direct investment	681	−417	278	923	503	5 206
资产 Assets	−1 744	−2 164	−1 383	−1 430	−1 369	1 026
负债 Liabilities	2 425	1 747	1 661	2 354	1 872	2 125
证券投资 Portfolio investment	−665	−523	295	1 069	579	873
资产 Assets	−732	−1 028	−948	−535	−894	−1 673
负债 Liabilities	67	505	1 243	1 604	1 474	2 547
金融衍生工具 Financial derivatives (other than reserves) and employee stock options	−21	−54	4	−62	24	−114
资产 Assets	−34	−65	15	−48	14	−69
负债 Liabilities	13	12	−12	−13	−37	−45
其他投资 Other investment	−4 340	−3 167	519	−204	−985	−2 562
资产 Assets	−825	−3 499	−1 008	−1 418	−549	−3 142
负债 Liabilities	−3 515	332	1 527	1 214	−437	579
2.2.2 储备资产 Reserve assets	3 429	4 437	−915	−189	193	−280
其中：外汇储备 Foreign exchange reserve	3 423	4 487	−930	−182	198	−262
3. 净误差与遗漏 Net Errors and Omissions	**−2 018**	**−2 186**	**−2 066**	**−1 774**	**−1 292**	**−1 681**

2020 年中国国际收支平衡表

China's Balance of Payments in 2020

单位：亿美元 Unit: USD 100 million

项目 Item	行次 Line No.	2020 年
1. 经常账户 Current Account	1	**2 740**
贷方 Credit	2	30 117
借方 Debit	3	–27 377
1.A 货物和服务 Goods and Services	4	**3 697**
贷方 Credit	5	27 324
借方 Debit	6	–23 627
1.A. a 货物 Goods	7	**5 150**
贷方 Credit	8	24 972
借方 Debit	9	–19 822
1.A. b 服务 Services	10	**–1 453**
贷方 Credit	11	2 352
借方 Debit	12	–3 805
1.A. b.1 加工服务 Manufacturing services on physical inputs owned by others	13	127
贷方 Credit	14	132
借方 Debit	15	–5
1.A. b.2 维护和维修服务 Maintenance and repair services n.i.e	16	43
贷方 Credit	17	77
借方 Debit	18	–34
1.A. b.3 运输 Transport	19	–381
贷方 Credit	20	566
借方 Debit	21	–947
1.A. b.4 旅行 Travel	22	–1 163
贷方 Credit	23	142
借方 Debit	24	–1 305
1.A. b.5 建设 Construction	25	46
贷方 Credit	26	126
借方 Debit	27	–81
1.A. b.6 保险和养老金服务 Insurance and pension services	28	–70
贷方 Credit	29	54
借方 Debit	30	–123
1.A. b.7 金融服务 Financial services	31	10
贷方 Credit	32	43
借方 Debit	33	–33
1.A. b.8 知识产权使用费 Charges for the use of intellectual property	34	–292
贷方 Credit	35	86
借方 Debit	36	–378
1.A. b.9 电信、计算机和信息服务 Telecommunications, computer and information services	37	59

续表 (Continue)

项目 Item	行次 Line No.	2020 年
贷方 Credit	38	389
借方 Debit	39	−330
1.A. b.10 其他商业服务 Other business services	40	198
贷方 Credit	41	702
借方 Debit	42	−504
1.A. b.11 个人、文化和娱乐服务 Personal, cultural and recreational services	43	−20
贷方 Credit	44	10
借方 Debit	45	−30
1.A. b.12 别处未提及的政府服务 Government goods and services n.i.e	46	−11
贷方 Credit	47	25
借方 Debit	48	−36
1.B 初次收入 Primary Income	49	**−1 052**
贷方 Credit	50	2 417
借方 Debit	51	−3 469
1.B.1 雇员报酬 Compensation of employees	52	4
贷方 Credit	53	147
借方 Debit	54	−144
1.B.2 投资收益 Investment income	55	−1 071
贷方 Credit	56	2 244
借方 Debit	57	−3 315
1.B.3 其他初次收入 Other primary income	58	16
贷方 Credit	59	26
借方 Debit	60	−10
1.C 二次收入 Secondary Income	61	**95**
贷方 Credit	62	376
借方 Debit	63	−281
2. 资本和金融账户 Capital and Financial Account	64	**−1 058**
2.1 资本账户 Capital Account	65	**−1**
贷方 Credit	66	2
借方 Debit	67	−2
2.2 金融账户 Financial Account	68	**−1 058**
资产 Assets	69	−6 263
负债 Liabilities	70	5 206
2.2.1 非储备性质的金融账户 Financial Account Excluding Reserve Assets	71	**−778**
资产 Assets	72	−5 983
负债 Liabilities	73	5 206
2.2.1.1 直接投资 Direct Investment	74	**1 026**
2.2.1.1.1 直接投资资产 Assets	75	−1 099
2.2.1.1.1.1 股权 Equity and investment fund shares	76	−836

续表 (Continue)

项目 Item	行次 Line No.	2020 年
2.2.1.1.1.2 关联企业债务 Debt instruments	77	−263
2.2.1.1.2 直接投资负债 Liabilities	78	2 125
2.2.1.1.2.1 股权 Equity and investment fund shares	79	1 700
2.2.1.1.2.2 关联企业债务 Debt instruments	80	425
2.2.1.2 证券投资 Portfolio Investment	81	**873**
2.2.1.2.1 资产 Assets	82	−1 673
2.2.1.2.1.1 股权 Equity and investment fund shares	83	−1 310
2.2.1.2.1.2 债券 Debt securities	84	−363
2.2.1.2.2 负债 Liabilities	85	2 547
2.2.1.2.2.1 股权 Equity and investment fund shares	86	641
2.2.1.2.2.2 债券 Debt securities	87	1 905
2.2.1.3 金融衍生工具 Financial Derivatives (other than Reserves) and Employee Stock Options	88	**−114**
2.2.1.3.1 资产 Assets	89	−69
2.2.1.3.2 负债 Liabilities	90	−45
2.2.1.4 其他投资 Other Investment	91	**−2 562**
2.2.1.4.1 资产 Assets	92	−3 142
2.2.1.4.1.1 其他股权 Other equity	93	−5
2.2.1.4.1.2 货币和存款 Currency and deposits	94	−1 304
2.2.1.4.1.3 贷款 Loans	95	−1 282
2.2.1.4.1.4 保险和养老金 Insurance, pension and standardized guarantee schemes	96	−33
2.2.1.4.1.5 贸易信贷 Trade credit and advances	97	−369
2.2.1.4.1.6 其他应收款 Other accounts receivable	98	−149
2.2.1.4.2 负债 Liabilities	99	579
2.2.1.4.2.1 其他股权 Other equity	100	0
2.2.1.4.2.2 货币和存款 Currency and deposits	101	774
2.2.1.4.2.3 贷款 Loans	102	−354
2.2.1.4.2.4 保险和养老金 Insurance, pension and standardized guarantee schemes	103	33
2.2.1.4.2.5 贸易信贷 Trade credit and advances	104	76
2.2.1.4.2.6 其他应付款 Other accounts payable	105	51
2.2.1.4.2.7 特别提款权 Special drawing rights	106	0
2.2.2 储备资产 Reserve Assets	107	**−280**
2.2.2.1 货币黄金 Monetary gold	108	0
2.2.2.2 特别提款权 Special drawing rights	109	1
2.2.2.3 在国际货币基金组织的储备头寸 Reserve position in the IMF	110	−19
2.2.2.4 外汇储备 Foreign exchange reserves	111	−262
2.2.2.5 其他储备资产 Other reserve assets	112	0
3. 净误差与遗漏 Net errors and omissions	113	**−1 681**

美国国际收支概览表

Balance of Payments Abridged of United States

单位：10 亿美元 Unit: USD billion

项目 / 年份 Item/Year	2012	2013	2014	2015	2016	2017	2018	2019	2020
一、经常项目差额 Current Account Balance	**−426.20**	**−349.54**	**−365.19**	**−407.77**	**−428.35**	**−439.64**	**−490.99**	**−498.35**	**−647.22**
贷方 Credit	3 095.67	3 212.24	3 341.77	3 207.29	3 188.51	3 444.83	3 735.68	3 763.95	3 227.60
借方 Debit	3 521.87	3 561.79	3 706.96	3 615.06	3 616.87	3 884.47	4 226.68	4 262.29	3 874.82
A. 货物和服务差额 Goods and Services Balance	**−536.77**	**−461.88**	**−489.58**	**−498.53**	**−502.98**	**−550.12**	**−627.69**	**−616.42**	**−681.71**
贷方 Credit	2 218.99	2 293.45	2 376.66	2 266.69	2 215.84	2 352.55	2 501.31	2 498.04	2 127.25
借方 Debit	2 755.76	2 755.33	2 866.24	2 765.22	2 718.83	2 902.67	3 129.00	3 114.46	2 808.96
a. 货物差额 Goods Balance	**−741.17**	**−702.24**	**−749.92**	**−761.87**	**−749.80**	**−805.20**	**−887.34**	**−866.24**	**−915.57**
贷方 Credit	1 562.58	1 592.00	1 635.56	1 511.38	1 457.39	1 553.59	1 674.33	1 652.81	1 435.13
借方 Debit	2 303.75	2 294.25	2 385.48	2 273.25	2 207.20	2 358.79	2 561.67	2 519.05	2 350.70
b. 服务差额 Services Balance	**204.40**	**240.37**	**260.34**	**263.33**	**246.82**	**255.08**	**259.65**	**249.82**	**233.87**
贷方 Credit	656.41	701.45	741.09	755.31	758.45	798.96	826.98	845.23	692.12
借方 Debit	452.01	461.08	480.76	491.97	511.63	543.88	567.33	595.41	458.26
B. 初次收入差额 Primary Income Balance	**207.47**	**205.98**	**218.40**	**203.61**	**198.65**	**225.80**	**253.98**	**257.00**	**181.57**
贷方 Credit	767.97	792.82	824.55	810.08	835.51	933.31	1 084.18	1 123.10	958.31
借方 Debit	560.50	586.84	606.15	606.47	636.86	707.51	830.20	866.10	776.74
C. 二次收入差额 Secondary Income Balance	**−96.90**	**−93.64**	**−94.01**	**−112.85**	**−124.02**	**−115.32**	**−117.29**	**−138.92**	**−147.08**
贷方 Credit	108.71	125.97	140.57	130.52	137.16	158.97	150.19	142.81	142.04
借方 Debit	205.61	219.62	234.58	243.37	261.18	274.29	267.48	281.73	289.12
二、资本项目差额 Capital Account Balance	**6.90**	**−0.41**	**−0.05**	**−0.04**	**−0.20**	**18.95**	**3.24**	**−0.01**	**−6.03**
三、金融项目净贷出 (+) / 净借入 (−) Financial Account Net Lending(+)/Net Borrow(−)	**−453.31**	**−400.88**	**−293.67**	**−319.65**	**−384.13**	**−355.89**	**−450.46**	**−400.57**	**−743.57**
1. 直接投资差额 Direct Investment Balance	**126.90**	**104.67**	**135.67**	**−202.03**	**−176.12**	**29.92**	**−336.85**	**−113.14**	**−59.14**
1.1 资产 Assets	377.24	392.80	387.53	307.06	318.32	384.57	−78.46	197.67	153.26
1.2 负债 Liabilities	250.35	288.13	251.86	509.09	494.44	354.65	258.39	310.81	212.40
2. 证券投资差额 Portfolio Investment Balance	**−498.25**	**−30.69**	**−114.93**	**−53.50**	**−195.06**	**−223.15**	**18.36**	**−195.75**	**−409.76**
2.1 资产 Assets	248.76	481.30	582.68	160.41	36.29	569.38	334.04	35.87	350.21
2.2 负债 Liabilities	747.01	511.98	697.60	213.91	231.35	792.53	315.67	231.62	759.97
3. 金融衍生产品（储备除外）和雇员认股权差额 Derivatives (other than reserves) and Employee Stock Options Balance	**7.06**	**2.22**	**−54.34**	**−27.04**	**7.83**	**24.00**	**−20.72**	**−38.38**	**−3.30**

续表 (Continue)

项目 / 年份 Item/Year	2012	2013	2014	2015	2016	2017	2018	2019	2020
4. 其他投资差额 Other Investment Balance	**−89.02**	**−477.08**	**−260.08**	**−37.09**	**−20.77**	**−186.67**	**−111.26**	**−53.31**	**−280.35**
4.1 资产 Assets	−453.70	−221.41	−100.10	−258.97	−3.65	215.19	50.26	188.71	251.04
4.2 负债 Liabilities	−364.68	255.67	159.98	−221.88	17.12	401.85	161.52	242.01	531.38
5. 储备资产差额 Reserve Assets Balance	**4.46**	**−3.09**	**−3.58**	**−6.30**	**2.10**	**−1.70**	**5.00**	**4.70**	**8.97**
四、净误差与遗漏 Net Errors and Omissions	**−29.56**	**−54.01**	**67.99**	**81.85**	**46.47**	**63.10**	**42.30**	**102.45**	**−90.32**

德国国际收支概览表

Balance of Payments Abridged of Germany

单位：10 亿美元 Unit: USD billion

项目 / 年份 Item/Year	2012	2013	2014	2015	2016	2017	2018	2019	2020
一、经常项目差额 Current Account Balance	**248.92**	**253.03**	**278.34**	**288.62**	**295.08**	**287.22**	**293.07**	**274.85**	**266.12**
贷方 Credit	1 959.39	2 041.46	2 109.35	1 880.28	1 906.35	2 064.22	2 227.83	2 152.40	1 978.05
借方 Debit	1 710.47	1 788.42	1 831.01	1 591.66	1 611.27	1 777.00	1 934.76	1 877.55	1 711.93
A. 货物和服务差额 Goods and Services Balance	**215.61**	**227.64**	**258.04**	**255.04**	**256.40**	**257.61**	**245.10**	**224.96**	**219.10**
贷方 Credit	1 629.56	1 708.02	1 772.72	1 575.25	1 598.25	1 739.10	1 876.90	1 810.94	1 671.65
借方 Debit	1 413.95	1 480.37	1 514.68	1 320.21	1 341.85	1 481.48	1 631.80	1 585.97	1 452.56
a. 货物差额 Goods Balance	**257.42**	**282.43**	**291.40**	**275.59**	**279.77**	**285.50**	**268.20**	**247.80**	**217.30**
贷方 Credit	1 377.08	1 434.69	1 469.88	1 294.37	1 305.09	1 419.51	1 527.70	1 464.38	1 361.03
借方 Debit	1 119.65	1 152.27	1 178.49	1 018.78	1 025.33	1 134.01	1 259.50	1 216.58	1 143.73
b. 服务差额 Services Balance	**−41.81**	**−54.78**	**−33.36**	**−20.55**	**−23.36**	**−27.88**	**−23.10**	**−22.84**	**1.80**
贷方 Credit	252.48	273.32	302.84	280.88	293.16	319.59	349.20	346.55	310.62
借方 Debit	294.30	328.10	336.20	301.43	316.52	347.47	372.29	369.39	308.82
B. 初次收入差额 Primary Income Balance	**83.49**	**83.39**	**74.61**	**76.82**	**83.76**	**85.95**	**105.21**	**103.24**	**106.19**
贷方 Credit	261.96	253.73	253.30	225.48	235.60	249.20	267.52	258.50	224.44
借方 Debit	178.48	170.34	178.69	148.65	151.84	163.25	162.31	155.26	118.25
C. 二次收入差额 Secondary Income Balance	**−50.18**	**−58.00**	**−54.31**	**−43.24**	**−45.08**	**−56.35**	**−57.24**	**−53.35**	**−59.17**
贷方 Credit	67.87	79.71	83.33	79.56	72.49	75.92	83.41	82.96	81.96
借方 Debit	118.05	137.71	137.64	122.80	117.58	132.27	140.66	136.31	141.12
二、资本项目差额 Capital Account Balance	**−0.61**	**−0.82**	**4.00**	**−0.02**	**2.35**	**−3.53**	**0.76**	**−0.34**	**−5.65**
三、金融项目净贷出 (+) / 净借入 (−) Financial Account Net Lending(+)/Net Borrow(−)	**192.55**	**298.82**	**321.10**	**261.90**	**286.86**	**321.36**	**280.62**	**229.15**	**263.88**

续表 (Continue)

项目 / 年份 Item/Year	2012	2013	2014	2015	2016	2017	2018	2019	2020
1. 直接投资差额 Direct Investment Balance	**33.65**	**26.04**	**87.81**	**68.43**	**47.09**	**42.19**	**9.52**	**62.73**	**-1.13**
1.1 资产 Assets	99.11	93.45	107.59	130.86	111.80	160.42	177.48	113.74	111.48
1.2 负债 Liabilities	65.46	67.41	19.78	62.42	64.71	118.23	167.96	51.01	112.62
2. 证券投资差额 Portfolio Investment Balance	**66.85**	**209.55**	**177.67**	**210.03**	**220.07**	**234.36**	**184.56**	**105.35**	**56.78**
2.1 资产 Assets	136.16	181.57	201.45	138.69	110.06	130.42	100.27	138.68	214.68
2.2 负债 Liabilities	69.32	-27.98	23.79	-71.33	-110.01	-103.94	-84.29	33.33	157.89
3. 金融衍生产品（储备除外）和雇员认股权差额 Derivatives (other than reserves) and Employee Stock Options Balance	**30.92**	**31.80**	**50.79**	**33.81**	**31.61**	**12.50**	**27.29**	**25.17**	**111.73**
3.1 资产 Assets	30.92	31.80	50.79	33.81	31.61	12.50	27.29	25.17	111.73
3.2 负债 Liabilities	0.00	0.00	0.00	0.00	0.00	0.00	0.00	0.00	0.00
4. 其他投资差额 Other Investment Balance	**61.14**	**31.42**	**4.83**	**-50.37**	**-11.92**	**32.31**	**59.24**	**35.91**	**96.57**
4.1 资产 Assets	217.56	-226.81	60.62	10.67	198.16	144.90	163.20	-57.33	359.72
4.2 负债 Liabilities	156.43	-258.23	55.78	61.04	210.07	112.59	103.96	-93.24	263.15
5. 储备资产差额 Reserve Assets Balance	**1.70**	**1.16**	**-3.30**	**-2.42**	**1.90**	**-1.48**	**0.46**	**-0.59**	**-0.07**
四、净误差与遗漏 Net Errors and Omissions	**-54.06**	**47.77**	**35.46**	**-29.12**	**-8.67**	**36.20**	**-12.76**	**-45.95**	**3.41**

英国国际收支概览表

Balance of Payments Abridged of United Kingdom

单位：10 亿美元 Unit: USD billion

项目 / 年份 Item/Year	2012	2013	2014	2015	2016	2017	2018	2019	2020
一、经常项目差额 Current Account Balance	**-113.10**	**-151.90**	**-161.16**	**-143.59**	**-141.82**	**-93.03**	**-110.23**	**-106.89**	**-95.42**
贷方 Credit	1 091.14	1 093.10	1 121.88	1 041.86	976.00	1 074.57	1 192.34	1 190.81	930.69
借方 Debit	1 204.24	1 244.99	1 283.04	1 185.45	1 117.82	1 167.60	1 302.57	1 297.70	1 026.11
A. 货物和服务差额 Goods and Services Balance	**-52.71**	**-55.55**	**-60.57**	**-40.56**	**-43.56**	**-32.25**	**-39.56**	**-33.12**	**-10.82**
贷方 Credit	791.50	812.96	854.14	809.79	766.64	810.79	875.76	891.88	741.95
借方 Debit	844.21	868.51	914.70	850.34	810.19	843.04	915.32	924.99	752.77
a. 货物差额 Goods Balance	**-171.71**	**-187.58**	**-202.47**	**-179.78**	**-181.16**	**-175.09**	**-185.78**	**-165.95**	**-148.74**
贷方 Credit	476.43	472.51	489.26	436.88	402.60	434.78	466.62	475.66	399.21
借方 Debit	648.15	660.09	691.73	616.65	583.76	609.86	652.41	641.61	547.95
b. 服务差额 Services Balance	**119.00**	**132.03**	**141.90**	**139.22**	**137.60**	**142.84**	**146.22**	**132.84**	**137.92**
贷方 Credit	315.07	340.45	364.88	372.91	364.03	376.02	409.14	416.22	342.74
借方 Debit	196.07	208.42	222.97	233.69	226.43	233.18	262.92	283.38	204.82

续表 (Continue)

项目 / 年份 Item/Year	2012	2013	2014	2015	2016	2017	2018	2019	2020
B. 初次收入差额 Primary Income Balance	**−28.09**	**−56.77**	**−62.25**	**−66.86**	**−66.15**	**−31.87**	**−36.56**	**−38.57**	**−48.44**
贷方 Credit	276.24	252.06	240.16	207.10	186.47	241.03	291.66	275.08	166.44
借方 Debit	304.34	308.82	302.41	273.96	252.62	272.90	328.22	313.65	214.89
C. 二次收入差额 Secondary Income Balance	**−32.29**	**−39.58**	**−38.34**	**−36.17**	**−32.11**	**−28.91**	**−34.11**	**−35.19**	**−36.16**
贷方 Credit	23.39	28.08	27.58	24.97	22.89	22.75	24.93	23.86	22.29
借方 Debit	55.68	67.66	65.93	61.14	55.00	51.66	59.03	59.06	58.45
二、资本项目差额 Capital Account Balance	**−0.93**	**−1.90**	**−3.10**	**−3.02**	**−2.17**	**−2.04**	**−3.32**	**−1.02**	**−2.36**
三、金融项目净贷出 (+) / 净借入 (−) Financial Account Net Lending(+)/Net Borrow(−)	**−104.68**	**−140.04**	**−158.84**	**−190.40**	**−170.76**	**−111.71**	**−135.15**	**−128.95**	**−124.16**
1. 直接投资差额 Direct Investment Balance	**−34.73**	**−8.22**	**−172.81**	**−105.51**	**−291.90**	**16.78**	**−24.76**	**−26.87**	**−53.41**
1.1 资产 Assets	12.02	46.25	−113.92	−60.18	32.91	138.04	56.40	0.16	−35.34
1.2 负债 Liabilities	46.75	54.47	58.89	45.33	324.81	121.25	81.16	27.03	18.07
2. 证券投资差额 Portfolio Investment Balance	**274.40**	**−284.86**	**22.87**	**−230.78**	**−209.26**	**−126.23**	**−360.74**	**65.75**	**15.50**
2.1 资产 Assets	161.02	−107.04	131.56	−54.03	−234.72	96.15	−182.56	141.86	90.39
2.2 负债 Liabilities	−113.38	177.82	108.70	176.75	−25.46	222.37	178.17	76.11	74.88
3. 金融衍生产品 (储备除外) 和雇员认股权差额 Derivatives (other than reserves) and Employee Stock Options Balance	**−278.80**	**90.32**	**−37.71**	**−127.43**	**30.29**	**12.58**	**12.36**	**−1.39**	**37.53**
4. 其他投资差额 Other Investment Balance	**−430.67**	**−392.75**	**134.94**	**273.32**	**300.12**	**−14.85**	**237.99**	**−166.44**	**−119.57**
4.1 资产 Assets	−151.87	−483.07	172.65	−179.29	265.14	274.62	236.29	−263.93	444.92
4.2 负债 Liabilities	11.63	6.96	10.14	−452.61	−34.97	289.47	−1.70	−97.49	564.48
5. 储备资产差额 Reserve Assets Balance	**20.98**	**20.72**	**15.56**	**31.32**	**8.65**	**7.53**	**24.34**	**−1.16**	**−4.22**
四、净误差与遗漏 Net Errors and Omissions	**−278.80**	**90.32**	**−37.71**	**−12.48**	**−18.11**	**−9.11**	**2.73**	**−22.21**	**−26.38**

巴西国际收支概览表

Balance of Payments Abridged of Brazil

单位：10 亿美元 Unit: USD billion

项目 / 年份 Item/Year	2012	2013	2014	2015	2016	2017	2018	2019	2020
一、经常项目差额 Current Account Balance	**−74.06**	**−74.84**	**−104.18**	**−54.47**	**−24.23**	**−15.01**	**−41.54**	**−49.45**	**−12.46**
贷方 Credit	294.49	297.51	281.84	230.84	235.90	280.72	292.98	290.98	254.66

续表 (Continue)

项目 / 年份 Item/Year	2012	2013	2014	2015	2016	2017	2018	2019	2020
借方 Debit	368.55	372.35	386.02	285.31	260.13	295.73	334.51	340.43	267.12
A. 货物和服务差额 Goods and Services Balance	**−22.59**	**−45.98**	**−54.74**	**−19.26**	**14.19**	**26.03**	**17.31**	**5.64**	**23.37**
贷方 Credit	281.26	279.59	264.06	223.88	217.61	252.55	274.98	259.79	239.20
借方 Debit	303.85	325.57	318.80	243.15	203.43	226.51	257.66	254.15	215.83
a. 货物差额 Goods Balance	**17.26**	**0.39**	**−6.63**	**17.65**	**44.63**	**63.96**	**53.05**	**40.78**	**43.29**
贷方 Credit	242.12	241.58	224.10	190.08	184.31	218.07	239.54	225.82	210.73
借方 Debit	224.86	241.19	230.73	172.42	139.68	154.11	186.49	185.04	167.43
b. 服务差额 Services Balance	**−39.85**	**−46.37**	**−48.11**	**−36.92**	**−30.45**	**−37.93**	**−35.73**	**−35.14**	**−19.92**
贷方 Credit	39.14	38.01	39.97	33.81	33.30	34.48	35.44	33.97	28.47
借方 Debit	78.98	84.38	88.07	70.72	63.75	72.41	71.17	69.11	48.40
B. 初次收入差额 Primary Income Balance	**−54.31**	**−32.54**	**−52.17**	**−37.96**	**−41.54**	**−43.17**	**−58.82**	**−56.06**	**−38.19**
贷方 Credit	8.62	12.13	12.85	2.24	12.81	23.23	13.22	26.00	10.40
借方 Debit	62.93	44.67	65.02	40.21	54.36	66.40	72.05	82.06	48.59
C. 二次收入差额 Secondary Income Balance	**2.84**	**3.68**	**2.72**	**2.75**	**3.13**	**2.12**	**−0.03**	**0.96**	**2.36**
贷方 Credit	4.62	5.79	4.93	4.71	5.47	4.94	4.78	5.19	5.06
借方 Debit	1.78	2.11	2.21	1.96	2.34	2.82	4.80	4.23	2.70
二、资本项目差额 Capital Account Balance	**0.21**	**0.32**	**0.23**	**0.46**	**0.27**	**0.38**	**0.44**	**0.37**	**0.28**
三、金融项目净贷出 (+) / 净借入 (−) Financial Account Net Lending(+)/Net Borrow(−)	**−92.83**	**−67.88**	**−111.43**	**−57.72**	**−24.95**	**−15.02**	**−45.35**	**−25.46**	**−9.64**
1. 直接投资差额 Direct Investment Balance	**−81.40**	**−54.74**	**−71.14**	**−61.60**	**−59.60**	**−47.54**	**−76.14**	**−56.47**	**−50.59**
1.1 资产 Assets	5.21	14.94	26.04	3.13	14.69	21.34	2.02	22.09	−16.42
1.2 负债 Liabilities	86.61	69.69	97.18	64.74	74.29	68.89	78.16	78.56	34.17
2. 证券投资差额 Portfolio Investment Balance	**−15.83**	**−32.28**	**−38.43**	**−17.84**	**20.03**	**17.72**	**6.86**	**22.25**	**14.21**
2.1 资产 Assets	7.40	8.98	2.82	−3.57	−0.60	12.37	0.46	11.21	11.61
2.2 负债 Liabilities	23.23	41.26	41.25	14.27	−20.63	−5.35	−6.40	−11.03	−2.60
3. 金融衍生产品（储备除外）和雇员认股权差额 Derivatives (other than reserves) and Employee Stock Options Balance	**−0.02**	**−0.11**	**1.57**	**3.45**	**−0.97**	**0.71**	**2.75**	**1.67**	**5.40**
3.1 资产 Assets	−0.30	−0.50	−7.61	−20.66	−13.87	−8.15	−12.08	−27.95	−23.02
3.2 负债 Liabilities	−0.28	−0.39	−9.18	−24.11	−12.90	−8.86	−14.83	−29.63	−28.41
4. 其他投资差额 Other Investment Balance	**4.42**	**19.26**	**−3.43**	**18.27**	**15.59**	**14.10**	**21.17**	**7.10**	**35.55**
4.1 资产 Assets	23.87	38.31	50.67	26.60	17.59	−1.65	9.86	3.81	0.60
4.2 负债 Liabilities	19.44	19.05	54.10	8.33	2.00	−15.75	−11.31	−3.29	−34.95

续表 (Continue)

项目 / 年份 Item/Year	2012	2013	2014	2015	2016	2017	2018	2019	2020
5. 储备资产差额 Reserve Assets Balance	**18.90**	**-5.92**	**10.83**	**1.57**	**9.23**	**5.09**	**2.94**	**-26.06**	**-14.22**
四、净误差与遗漏 Net Errors and Omissions	**-0.08**	**0.72**	**3.35**	**-2.14**	**8.23**	**4.70**	**-1.31**	**-2.43**	**2.54**

俄罗斯国际收支概览表

Balance of Payments Abridged of Russia

单位：10 亿美元 Unit: USD billion

项目 / 年份 Item/Year	2012	2013	2014	2015	2016	2017	2018	2019	2020
一、经常项目差额 Current Account Balance	**71.28**	**33.43**	**57.51**	**67.78**	**24.47**	**32.43**	**113.73**	**64.61**	**33.95**
贷方 Credit	653.99	651.47	627.37	440.32	381.51	467.88	573.03	550.35	436.69
借方 Debit	582.71	618.04	569.85	372.55	357.04	435.45	459.30	485.74	402.74
A. 货物和服务差额 Goods and Services Balance	**145.08**	**122.31**	**133.65**	**111.25**	**66.26**	**83.49**	**164.43**	**128.14**	**74.43**
贷方 Credit	589.77	591.96	562.55	393.03	332.35	410.73	507.86	481.49	379.12
借方 Debit	444.70	469.65	428.90	281.79	266.10	327.25	343.43	353.35	304.68
a. 货物差额 Goods Balance	**191.66**	**180.57**	**188.93**	**148.40**	**90.21**	**114.72**	**194.43**	**164.33**	**91.85**
贷方 Credit	527.43	521.84	496.81	341.42	281.71	353.10	443.13	418.69	332.23
借方 Debit	335.77	341.27	307.88	193.02	191.49	238.38	248.70	254.35	240.38
b. 服务差额 Services Balance	**-46.59**	**-58.26**	**-55.28**	**-37.15**	**-23.96**	**-31.23**	**-30.00**	**-36.19**	**-17.41**
贷方 Credit	62.34	70.12	65.74	51.62	50.64	57.63	64.73	62.81	46.89
借方 Debit	108.93	128.38	121.02	88.77	74.60	88.86	94.73	99.00	64.30
B. 初次收入差额 Primary Income Balance	**-67.66**	**-79.60**	**-67.96**	**-37.75**	**-35.50**	**-42.05**	**-41.79**	**-53.35**	**-34.87**
贷方 Credit	47.76	42.18	47.17	37.27	40.51	46.58	52.82	54.23	44.15
借方 Debit	115.42	121.78	115.13	75.02	76.01	88.63	94.62	107.58	79.02
C. 二次收入差额 Secondary Income Balance	**-6.13**	**-9.27**	**-8.18**	**-5.72**	**-6.29**	**-9.00**	**-8.90**	**-10.18**	**-5.61**
贷方 Credit	16.46	17.33	17.64	10.02	8.64	10.56	12.35	14.63	13.42
借方 Debit	22.59	26.61	25.82	15.74	14.93	19.57	21.25	24.81	19.03
二、资本项目差额 Capital Account Balance	**-5.22**	**-0.39**	**-42.01**	**-0.31**	**-0.76**	**-0.19**	**-1.10**	**-0.69**	**-0.52**
三、金融项目净贷出 (+) / 净借入 (-) Financial Account Net Lending(+)/Net Borrow(-)	**25.67**	**46.21**	**130.99**	**68.62**	**10.06**	**12.17**	**77.86**	**-4.58**	**36.20**
1. 直接投资差额 Direct Investment Balance	**-1.77**	**17.29**	**35.05**	**15.23**	**-10.22**	**8.20**	**22.59**	**-9.21**	**-3.36**
1.1 资产 Assets	48.82	86.51	57.08	22.09	22.31	36.76	31.38	22.58	5.30
1.2 负债 Liabilities	50.59	69.22	22.03	6.85	32.54	28.56	8.78	31.78	8.66
2. 证券投资差额 Portfolio Investment Balance	**-17.03**	**11.01**	**39.94**	**26.42**	**-2.36**	**-7.98**	**7.59**	**-12.56**	**25.30**

续表 (Continue)

项目 / 年份 Item/Year	2012	2013	2014	2015	2016	2017	2018	2019	2020
2.1 资产 Assets	2.28	11.76	16.74	13.55	0.66	1.26	−1.83	4.89	14.16
2.2 负债 Liabilities	19.31	0.75	−23.20	−12.87	3.02	9.24	−9.42	17.45	−11.14
3. 金融衍生产品（储备除外）和雇员认股权差额 Derivatives (other than reserves) and Employee Stock Options Balance	**1.36**	**0.35**	**5.26**	**7.12**	**−0.02**	**0.36**	**−0.73**	**2.62**	**1.95**
3.1 资产 Assets	−16.70	−8.49	−16.52	−20.76	−12.84	−13.79	−11.71	−11.29	−25.42
3.2 负债 Liabilities	−18.05	−8.83	−21.78	−27.89	−12.82	−14.15	−10.97	−13.91	−27.37
4. 其他投资差额 Other Investment Balance	**43.11**	**17.57**	**50.74**	**19.85**	**22.67**	**11.59**	**48.41**	**14.57**	**26.07**
4.1 资产 Assets	83.70	80.82	24.01	−18.41	−5.45	−9.37	23.69	7.50	15.89
4.2 负债 Liabilities	40.59	63.26	−26.73	−38.25	−28.11	−20.96	−24.72	−7.06	−10.18
5. 储备资产差额 Reserve Assets Balance	**30.02**	**−22.08**	**−107.55**	**1.70**	**8.24**	**22.63**	**38.20**	**66.48**	**−13.75**
四、净误差与遗漏 Net Errors and Omissions	**−10.37**	**−8.90**	**7.94**	**2.86**	**−5.40**	**2.56**	**3.43**	**−2.01**	**2.77**

中国国际投资头寸表

China's International Investment Position

单位：亿美元 Unit: USD 100 million

项目 / 年份 Item/Year	2012 年末 End-2012	2013 年末 End-2013	2014 年末 End-2014	2015 年末 End-2015	2016 年末 End-2016	2017 年末 End-2017	2018 年末 End-2018	2019 年末 End-2019	2020 年末 End-2020
净头寸 Net International Investment Position	**16 781**	**18 183**	**16 103**	**16 989**	**19 849**	**20 652**	**21 075**	**22 996**	**21 503**
A. 资产 Assets	**52 353**	**60 205**	**64 839**	**62 232**	**65 788**	**71 915**	**74 327**	**78 464**	**87 039**
1. 直接投资 Direct Investment	**5 519**	**6 913**	**9 225**	**11 560**	**14 237**	**18 450**	**20 015**	**22 366**	**24 134**
1.1 股权 Equity and investment fund shares	4 117	5 002	7 807	9 725	11 938	15 949	17 023	19 341	20 844
1.2 关联企业债务 Debt instruments	1 402	1 911	1 418	1 836	2 300	2 501	2 993	3 026	3 290
2. 证券投资 Portfolio Investment	**2 428**	**2 620**	**2 683**	**2 685**	**3 724**	**4 992**	**5 065**	**6 575**	**8 999**
2.1 股权 Equity and investment fund shares	1 320	1 566	1 670	1 692	2 207	3 044	2 786	3 853	6 043
2.2 债券 Debt securities	1 108	1 055	1 012	993	1 518	1 948	2 279	2 722	2 955
3. 金融衍生工具 Financial Derivatives (other than Reserves) and Employee Stock Options	**0**	**0**	**0**	**36**	**52**	**59**	**62**	**67**	**191**
4. 其他投资 Other Investment	**10 527**	**11 867**	**13 938**	**13 889**	**16 797**	**16 055**	**17 505**	**17 226**	**20 149**
4.1 其他股权 Other equity	0	0	0	1	1	54	69	84	89
4.2 货币和存款 Currency and deposits	3 906	3 751	4 453	3 598	3 653	3 611	3 896	3 962	4 865

续表 (Continue)

项目 / 年份 Item/Year	2012 年末 End-2012	2013 年末 End-2013	2014 年末 End-2014	2015 年末 End-2015	2016 年末 End-2016	2017 年末 End-2017	2018 年末 End-2018	2019 年末 End-2019	2020 年末 End-2020
4.3 贷款 Loans	2 778	3 089	3 747	4 569	5 768	6 373	7 097	6 963	8 389
4.4 保险和养老金 Insurance, pension and standardized guarantee schemes	0	0	0	172	123	101	106	135	166
4.5 贸易信贷 Trade credit and advances	3 387	3 990	4 677	5 137	6 145	5 319	5 972	5 604	5 972
4.6 其他应收款 Other accounts receivable	457	1 038	1 061	412	1 107	597	364	479	668
5. 储备资产 Reserve Assets	**33 879**	**38 804**	**38 993**	**34 061**	**30 978**	**32 359**	**31 680**	**32 229**	**33 565**
5.1 货币黄金 Monetary gold	567	408	401	602	679	765	763	954	1 182
5.2 特别提款权 Special drawing rights	114	112	105	103	97	110	107	111	115
5.3 在国际货币基金组织的储备头寸 Reserve position in the IMF	82	71	57	45	96	79	85	84	108
5.4 外汇储备 Foreign currency reserves	33 116	38 213	38 430	33 304	30 105	31 399	30 727	31 079	32 165
5.5 其他储备资产 Other reserve assets	0	0	0	7	2	5	–2	0	–5
B. 负债 Liabilities	**35 572**	**42022**	**48 735**	**45 243**	**45 940**	**51 263**	**53 252**	**55 468**	**65 536**
1. 直接投资 Direct Investment	**20 680**	**23 312**	**25 991**	**26 963**	**27 551**	**27 257**	**28 271**	**27 964**	**31 793**
1.1 股权 Equity and investment fund shares	19 425	22 149	24 076	24 962	25 370	25 150	25 858	25 296	28 814
1.2 关联企业债务 Debt instruments	1 255	1 163	1 915	2 002	2 181	2 107	2 413	2 668	2 979
2. 证券投资 Portfolio Investment	**5 466**	**5 985**	**8 343**	**8 583**	**8 483**	**11 775**	**11 628**	**14 526**	**19 545**
2.1 股权 Equity and investment fund shares	4 724	5 097	6 893	6 384	6 168	8 405	7 506	9 497	12 543
2.2 债券 Debt securities	742	889	1 449	2 200	2 316	3 370	4 122	5 029	7 002
3. 金融衍生工具 Financial Derivatives (other than Reserves) and Employee Stock Options	**0**	**0**	**0**	**53**	**60**	**34**	**60**	**65**	**122**
4. 其他投资 Other Investment	**9 426**	**12 724**	**14 402**	**9 643**	**9 844**	**12 197**	**13 294**	**12 913**	**14 076**
4.1 其他股权 Other equity	0	0	0	0	0	0	0	0	0
4.2 货币和存款 Currency and deposits	2 446	3 466	5 030	3 267	3 166	4 365	4 833	4 245	5 266
4.3 贷款 Loans	3 680	5 642	5 720	3 293	3 205	3 922	4 169	4 605	4 555
4.4 保险和养老金 Insurance, pension and standardized guarantee schemes	0	0	0	93	88	100	109	135	167
4.5 贸易信贷 Trade credit and advances	2 915	3 365	3 344	2 721	2 883	3 523	3 931	3 644	3 719
4.6 其他应付款 Other accounts payable	278	144	207	172	408	188	154	189	267
4.7 特别提款权 Special drawing rights	107	108	101	97	94	100	97	97	101

外汇储备

Foreign Exchange Reserves

单位：亿美元 Unit: USD 100 million

年份 Year	外汇储备余额 Foreign Exchange Reserves	外汇储备增加额 Increase of Foreign Exchange Reserves
1991	217	106
1992	194	-23
1993	212	18
1994	516	304
1995	736	220
1996	1 050	315
1997	1 399	348
1998	1 450	51
1999	1 547	97
2000	1 656	109
2001	2 122	466
2002	2 864	742
2003	4 033	1 168
2004	6 099	2 067
2005	8 189	2 090
2006	10 663	2 475
2007	15 282	4 619
2008	19 460	4 178
2009	23 992	4 531
2010	28 473	4 481
2011	31 811	3 338
2012	33 116	1 304
2013	38 213	5 097
2014	38 430	217
2015	33 304	-5 127
2016	30 105	-3 198
2017	31 399	1 294
2018	30 727	-672
2019	31 079	352
2020	32 165	1 086

月度外汇储备余额及其变动情况

Change of Monthly Foreign Exchange Reserves

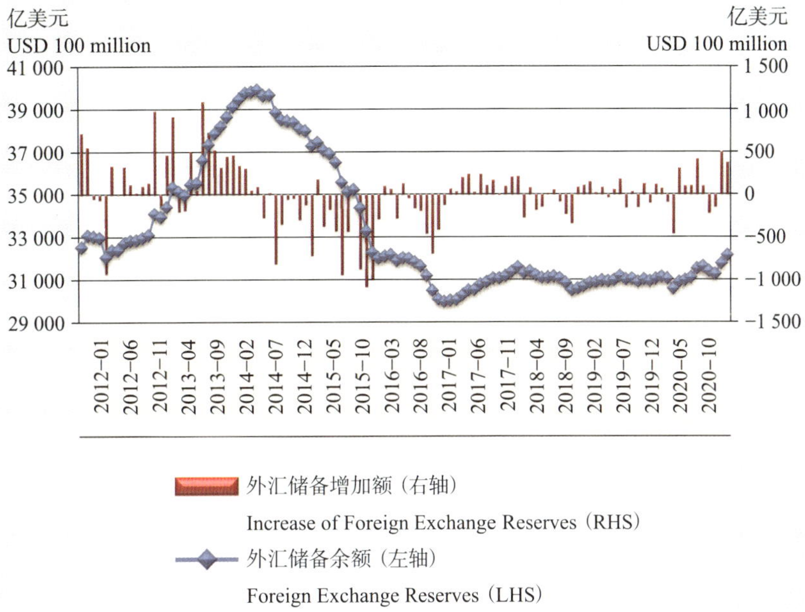

2020 年末部分国家和地区外汇储备

Foreign Reserves of Some Countries/Regions, End–2020

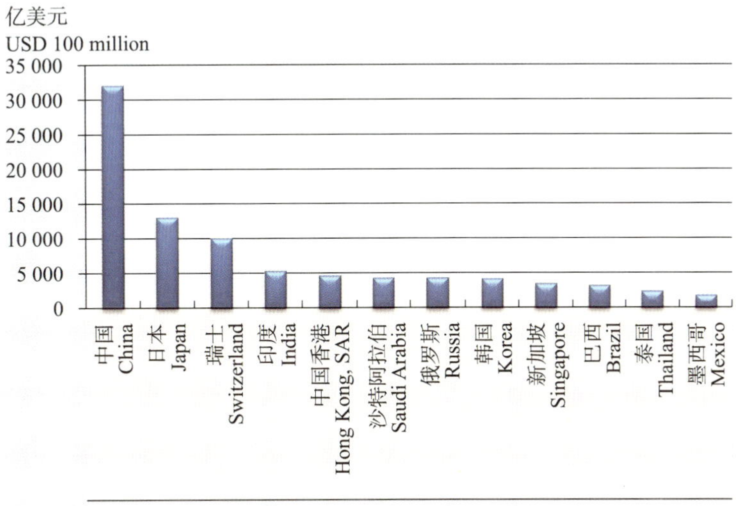

二、对外贸易①

II. Foreign Trade

2020 年世界货物贸易出口前十名

Top 10 Countries/Regions of Goods Export in 2020

国家 / 地区 Countries/Regions	出口额（10 亿美元） Export（USD billions）	增长 Increase（%）	占世界出口总额比重 Ratio to Total Export of the World（%）	2019 年排名 Ranking in 2019
世界 World	17 583	−7.53	100.0	
1. 中国 P.R.C	2 591	3.67	14.7	1
2. 美国 U.S.A	1 432	−12.87	8.1	2
3. 德国 Germany	1 380	−7.35	7.8	3
4. 荷兰 Netherlands	674	−4.82	3.8	4
5. 日本 Japan	641	−9.10	3.6	5
6. 中国香港 Hong Kong,SAR	549	2.60	3.1	8
7. 韩国 Korea	512	−5.48	2.9	6
8. 意大利 Italy	496	−7.74	2.8	9
9. 法国 France	488	−14.47	2.8	7
10. 比利时 Belgium	419	−6.18	2.4	12

2020 年世界货物贸易进口前十名

Top 10 Countries/Regions of Goods Import in 2020

国家 / 地区 Countries/Regions	进口额（10 亿美元） Import （USD billions）	增长 Increase（%）	占世界进口总额比重 Ratio to Total Import of the World（%）	2019 年排名 Ranking in 2019
世界 World	17 812	−7.63	100.0	
1. 美国 U.S.A	2 408	−6.23	13.5	1
2. 中国 P.R.C	2 056	−1.09	11.5	2
3. 德国 Germany	1 171	−5.12	6.6	3
4. 英国 UK	635	−8.78	3.6	5
5. 日本 Japan	635	−11.99	3.6	4
6. 荷兰 Netherlands	597	−6.12	3.4	7
7. 法国 France	582	−11.05	3.3	6
8. 中国香港 Hong Kong,SAR	570	−1.40	3.2	8
9. 韩国 Korea	468	−7.09	2.6	9
10. 意大利 Italy	423	−10.97	2.4	11

① 数据来源：海关总署、世界贸易组织。
Sources: General Administration of Customs, World Trade Organization.

中国进出口总值

China's Total Value of Import & Export

单位：亿美元 Unit: USD 100 million

年度 Year	进出口 Import & Export	出口 Export	进口 Import	差额 Balance
1984	535	261	274	-13
1985	696	274	423	-149
1986	738	309	429	-120
1987	827	394	432	-38
1988	1 028	475	553	-78
1989	1 117	525	591	-66
1990	1 154	621	534	87
1991	1 357	719	638	81
1992	1 655	849	806	44
1993	1 957	917	1 040	-122
1994	2 366	1 210	1 156	54
1995	2 809	1 488	1 321	167
1996	2 899	1 511	1 388	122
1997	3 252	1 828	1 424	404
1998	3 239	1 837	1 402	435
1999	3 606	1 949	1 657	292
2000	4 743	2 492	2 251	241
2001	5 097	2 661	2 436	225
2002	6 208	3 256	2 952	304
2003	8 510	4 382	4 128	255
2004	11 546	5 933	5 612	321
2005	14 219	7 620	6 600	1 020
2006	17 604	9 689	7 915	1 775
2007	21 746	12 186	9 560	2 627
2008	25 633	14 307	11 326	2 981
2009	22 075	12016	10 059	1 957
2010	29 740	15 778	13 962	1 815
2011	36 419	18 984	17 435	1 549
2012	38 671	20 487	18 184	2 303
2013	41 590	22090	19 500	2 590
2014	43 015	23 423	19 592	3 831
2015	39 530	22 735	16 796	5 939
2016	36 856	20 976	15 879	5 097
2017	41 071	22 633	18 438	4 196
2018	46 224	24 867	21 358	3 510
2019	45 779	24 995	20 784	4 211
2020	46 463	25 906	20 556	5 350

2020 年进出口按贸易方式分类

Import & Export by Trading Forms in 2020

单位：亿美元 Unit: USD 100 million

贸易方式 Trading forms	进口 Import		出口 Export		进出口差额 Import & Export Balance
	金额 Value	同比（%） Increase	金额 Value	同比（%） Increase	
总值 Total Value	**20 556**	**-1.1**	**25 906**	**3.6**	**5 350**
一般贸易 Ordinary Trade	12 423	-1.2	15 374	6.4	2 951
加工贸易 Processing Trade	4 034	-3.3	7 025	-4.5	2 991
来料加工装配 Processing and Assembling	767	-14.5	677	-13.2	-90
进料加工 Processing with imported materials	3 267	-0.3	6 347	-3.4	3 081
其他贸易 Other trading forms	4 099	1.7	3 508	9.8	-591

2020 年进出口按企业类型分类

Import & Export by Type of Enterprises in 2020

单位：亿美元 Unit: USD 100 million

企业类型 Type of Enterprises	进口 Import		出口 Export		进出口差额 Import & Export Balance
	金额 Value	同比（%） Increase	金额 Value	同比（%） Increase	
总值 Total Value	**20 556**	**-1.1**	**25 906**	**3.6**	**5 350**
国有企业 State-owned Enterprises	4 582	-14.7	2 075	-12.0	-2 508
外资企业 Foreign-funded Enterprises	8 653	0.9	9 323	-3.5	670
私营和其他企业 Private Owned and other Enterprises	7 321	7.3	14 509	11.8	7 188

2020年前十位贸易伙伴（按进出口总值）

Top 10 Trading Partners in 2020（Based on the Total Value of Import & Export）

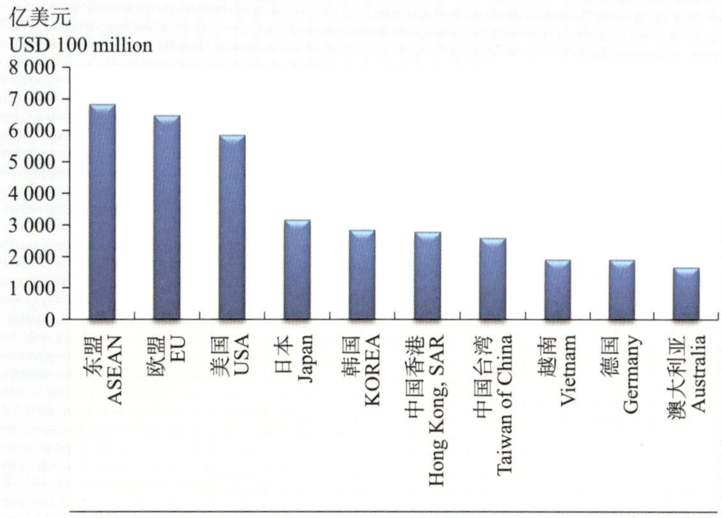

2020年前十位贸易顺差来源地

Top 10 Sources of Trade Surplus in 2020

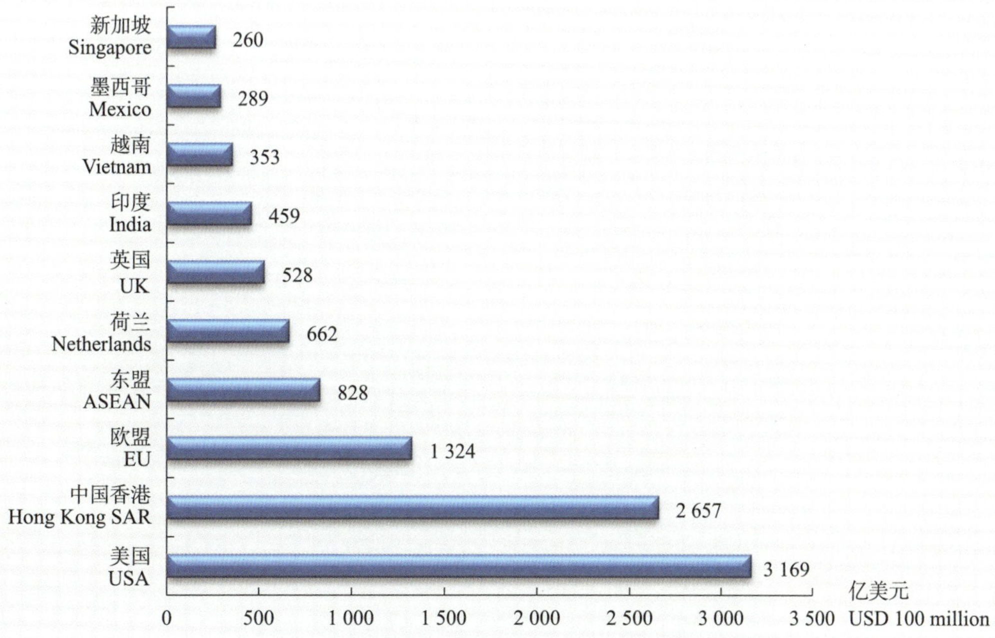

2020 年前十位贸易逆差来源地

Top 10 Sources of Trade Deficit in 2020

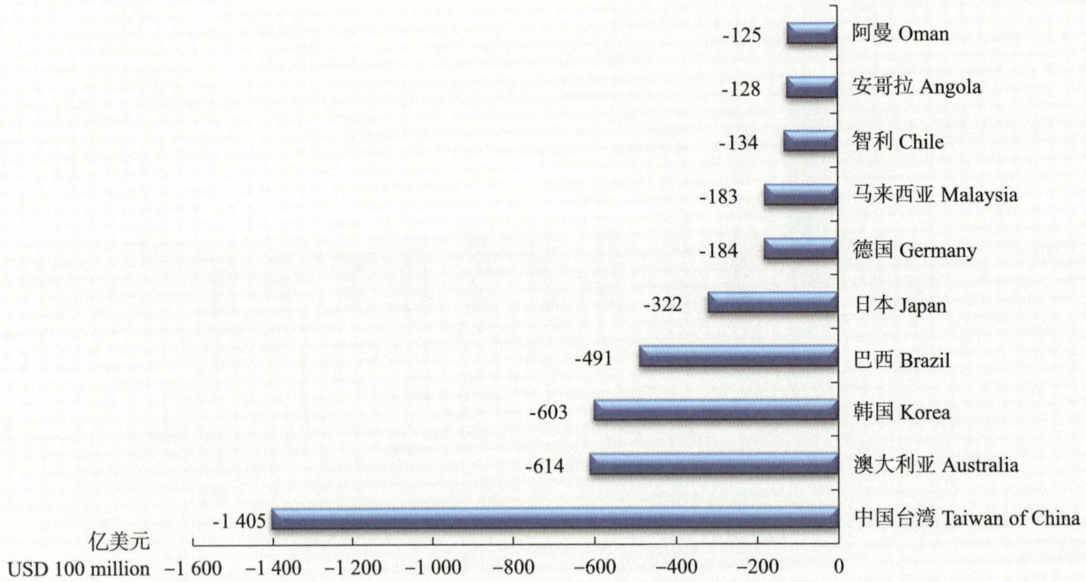

三、外汇市场和人民币汇率 ①

III. Foreign Exchange Market and Exchange Rate of Renminbi

人民币对美元交易中间价月平均汇价（人民币元 /100 美元）

Monthly Average Transaction Mid Rates of Renminbi against USD, 2001—2020 (RMB per 100 USD)

月份 Month	2001 年	2002 年	2003 年	2004 年	2005 年	2006 年	2007 年	2008 年	2009 年	2010 年
1 月 /Jan.	827.71	827.67	827.68	827.69	827.65	806.68	778.98	724.78	683.82	682.73
2 月 /Feb.	827.70	827.66	827.73	827.71	827.65	804.93	775.46	716.01	683.57	682.70
3 月 /Mar.	827.76	827.70	827.72	827.71	827.65	803.50	773.9	707.52	683.41	682.64
4 月 /Apr.	827.71	827.72	827.71	827.69	827.65	801.56	772.47	700.07	683.12	682.62
5 月 /May	827.72	827.69	827.69	827.71	827.65	801.52	767.04	697.24	682.45	682.74
6 月 /Jun.	827.71	827.70	827.71	827.67	827.65	800.67	763.3	689.71	683.32	681.65
7 月 /Jul.	827.69	827.68	827.73	827.67	822.90	799.10	758.05	683.76	683.20	677.75
8 月 /Aug.	827.70	827.67	827.70	827.68	810.19	797.33	757.53	685.15	683.22	679.01
9 月 /Sep.	827.68	827.70	827.71	827.67	809.22	793.68	752.58	683.07	682.89	674.62
10 月 /Oct.	827.68	827.69	827.67	827.65	808.89	790.32	750.12	683.16	682.75	667.32
11 月 /Nov.	827.69	827.71	827.69	827.65	808.40	786.52	742.33	682.86	682.74	665.58
12 月 /Dec.	827.68	827.72	827.70	827.65	807.59	782.38	736.76	684.24	682.79	665.15
年平均 Annual Average	**827.70**	**827.70**	**827.70**	**827.68**	**819.42**	**797.18**	**760.4**	**694.51**	**683.10**	**676.95**

月份 Month	2011 年	2012 年	2013 年	2014 年	2015 年	2016 年	2017 年	2018 年	2019 年	2020 年
1 月 /Jan.	660.27	631.68	627.87	610.43	612.72	655.27	689.18	643.64	678.97	691.72
2 月 /Feb.	658.31	630.00	628.42	611.28	613.39	653.11	687.13	631.62	673.64	699.23
3 月 /Mar.	656.62	630.81	627.43	613.58	615.07	650.64	689.32	632.20	670.93	701.19
4 月 /Apr.	652.92	629.66	624.71	615.53	613.02	647.62	688.45	629.75	671.51	706.86
5 月 /May	649.88	630.62	619.70	616.36	611.43	653.15	688.27	637.58	685.23	709.86
6 月 /Jun.	647.78	631.78	617.18	615.57	611.61	658.74	680.19	645.56	688.20	708.63
7 月 /Jul.	646.14	632.35	617.25	615.69	611.67	667.74	676.54	670.34	687.56	700.88
8 月 /Aug.	640.90	634.04	617.08	616.06	630.56	664.74	667.36	684.33	702.14	693.46
9 月 /Sep.	638.33	633.95	615.88	615.28	636.91	667.15	656.34	684.45	707.85	681.48
10 月 /Oct.	635.66	631.44	613.93	614.41	634.86	674.42	661.54	692.64	707.02	671.11
11 月 /Nov.	634.08	629.53	613.72	614.32	636.66	683.75	661.86	693.51	701.77	660.88
12 月 /Dec.	632.81	629.00	611.60	612.38	644.76	691.82	659.42	688.53	701.28	654.23
年平均 Annual Average	**646.14**	**631.25**	**619.32**	**614.28**	**622.72**	**664.23**	**675.18**	**661.18**	**689.68**	**689.88**

① 资料来源：国家外汇管理局。
Source: SAFE.

2020 年 1—12 月人民币市场汇率汇总表

美元、港元、欧元、英镑、澳元、新西兰元、新加坡元、瑞士法郎、加元、林吉特 10 种币种单位为人民币元 /100 外币，其他币种单位为外币 /100 元人民币

Transaction Mid Rates of Renminbi in 2020

USD、HKD、EUR、GBP、AUD、NZD、SGD、CHF、CAD、MYR

Unit: renminbi per 100 foreign currency

Other Currency unit: foreign currency per 100 Renminbi

月份 Month	币种 Currency	期初价 Beginning of period	期末价 Ending of Period	最高价 Highest	最低价 Lowest	期平均 Period Average	累计平均 Accumulative Average
1 月 Jan.	美元	696.14	688.76	697.18	686.06	691.72	691.72
	港元	89.33	88.59	89.64	88.28	88.97	88.97
	日元	6.41	6.27	6.46	6.23	6.33	6.33
	欧元	781.13	764.00	781.13	761.17	770.22	770.22
	英镑	922.63	905.05	922.63	892.19	904.86	904.86
	澳元	488.46	471.33	488.46	471.33	477.32	477.32
	新西兰元	468.78	454.08	468.78	453.36	459.04	459.04
	新加坡元	517.52	510.65	517.52	509.44	513.01	513.01
	瑞士法郎	719.60	711.72	719.72	708.51	713.71	713.71
	加元	536.47	524.17	537.60	524.17	530.56	530.56
	林吉特	58.75	59.04	59.17	58.68	58.97	58.97
	卢布	889.90	897.59	897.59	882.01	890.88	890.88
2 月 Feb.	美元	692.49	700.66	702.46	692.49	699.23	695.89
	港元	89.16	89.87	90.21	89.16	89.94	89.51
	日元	6.39	6.39	6.42	6.27	6.35	6.34
	欧元	767.5	770.59	771.78	755.71	762.72	766.05
	英镑	912.9	903.05	912.90	901.29	907.01	906.05
	澳元	463.48	461.04	472.40	459.67	466.69	471.41
	新西兰元	447.44	442.41	453.58	441.44	447.52	452.64
	新加坡元	507.61	502.27	509.64	501.15	503.51	507.74
	瑞士法郎	718.61	723.37	723.37	710.86	716.21	715.09
	加元	522.99	523.60	530.05	522.99	526.60	528.36
	林吉特	59.16	60.06	60.37	58.84	59.43	59.23
	卢布	922.95	947.09	947.09	900.11	915.56	904.59

续表 (Continue)

月份 Month	币种 Currency	期初价 Beginning of period	期末价 Ending of Period	最高价 Highest	最低价 Lowest	期平均 Period Average	累计平均 Accumulative Average
3 月 Mar.	美元	698.11	708.51	710.52	692.60	701.19	697.90
	港元	89.55	91.37	91.56	89.17	90.29	89.80
	日元	6.48	6.55	6.76	6.36	6.52	6.41
	欧元	772.14	780.88	791.81	757.78	775.96	769.81
	英镑	893.60	875.97	907.73	817.82	867.66	891.49
	澳元	454.38	436.29	459.33	407.54	436.39	458.13
	新西兰元	434.39	425.19	440.11	399.64	424.08	441.81
	新加坡元	501.29	497.24	502.54	487.20	495.40	503.06
	瑞士法郎	724.68	738.16	748.12	718.94	732.43	721.67
	加元	520.38	499.52	521.63	487.60	503.48	518.92
	林吉特	60.35	61.00	62.62	60.09	61.21	59.98
	卢布	959.76	1 121.35	1 144.92	950.37	1 057.86	962.72
4 月 Apr.	美元	707.71	705.71	711.04	703.00	706.86	700.28
	港元	91.28	91.06	91.73	90.68	91.19	90.17
	日元	6.59	6.62	6.62	6.47	6.56	6.45
	欧元	780.90	767.44	780.90	763.03	768.85	769.56
	英镑	878.68	879.96	888.33	867.24	877.88	887.87
	澳元	434.15	462.49	462.49	430.94	446.00	454.90
	新西兰元	420.87	433.32	433.32	420.33	424.99	437.34
	新加坡元	497.92	500.25	500.25	494.65	496.81	501.39
	瑞士法郎	736.52	724.71	736.52	724.71	728.82	723.57
	加元	502.79	508.59	508.59	499.55	503.25	514.76
	林吉特	60.94	61.46	61.95	60.94	61.51	60.39
	卢布	1 107.85	1 033.84	1 108.20	1 033.84	1 061.74	989.04
5 月 May	美元	706.90	713.16	713.16	706.90	709.86	702.06
	港元	91.18	91.99	91.99	91.18	91.57	90.43
	日元	6.64	6.62	6.68	6.58	6.62	6.48
	欧元	765.92	789.70	789.70	765.48	773.13	770.22
	英镑	879.37	878.60	879.37	858.78	871.15	884.77
	澳元	454.68	472.83	472.83	453.01	462.76	456.36
	新西兰元	428.09	442.00	442.00	421.97	432.00	436.35
	新加坡元	499.22	503.04	503.04	497.77	500.29	501.19
	瑞士法郎	726.58	739.59	739.59	726.58	731.37	725.02
	加元	503.23	517.67	518.20	500.60	508.185	513.54
	林吉特	60.89	61.02	61.38	60.89	61.13	60.53
	卢布	1 042.96	984.72	1 049.20	984.72	1 021.03	994.98

续表 (Continue)

月份 Month	币种 Currency	期初价 Beginning of period	期末价 Ending of Period	最高价 Highest	最低价 Lowest	期平均 Period Average	累计平均 Accumulative Average
6 月 Jun.	美元	713.15	707.95	713.15	705.55	708.67	703.19
	港元	92.00	91.34	92.00	91.04	91.44	90.60
	日元	6.62	6.58	6.64	6.46	6.58	6.50
	欧元	792.99	796.10	804.76	792.09	797.72	774.92
	英镑	881.11	871.44	901.29	871.44	888.48	885.40
	澳元	475.64	486.57	496.40	475.64	488.37	461.83
	新西兰元	442.56	454.95	463.89	442.56	456.27	439.75
	新加坡元	505.06	508.13	510.05	505.06	508.08	502.37
	瑞士法郎	742.31	744.34	751.07	737.21	743.92	728.25
	加元	517.93	518.43	528.75	517.66	523.05	515.16
	林吉特	60.86	60.49	60.86	59.91	60.32	60.49
	卢布	983.65	990.77	990.77	962.08	976.39	991.80
7 月 Jul.	美元	707.1	698.48	707.1	697.18	700.88	701.67
	港元	91.23	90.13	91.23	89.95	90.42	90.41
	日元	6.55	6.67	6.67	6.51	6.56	6.49
	欧元	794.3	828.82	828.82	789.48	802.6	778.52
	英镑	876.03	915.9	915.9	876.03	886.85	887.61
	澳元	488	502.72	502.72	485.86	492.30	467.91
	新西兰元	456.05	467.33	467.33	456.05	461.30	444.91
	新加坡元	507.4	509.37	509.37	502.3	505.01	503.85
	瑞士法郎	746.55	769.01	769.01	740.35	749.66	729.91
	加元	520.89	520.54	524.08	514.48	518.81	517.28
	林吉特	60.58	60.71	61.10	60.58	60.85	60.39
	卢布	1 007.03	1 045.89	1 045.89	996.82	1 018.54	985.39
8 月 Aug.	美元	699.8	686.05	699.8	686.05	693.46	700.7
	港元	90.29	88.52	90.29	88.52	89.48	90.30
	日元	6.61	6. 5	6.61	6.46	6.54	6.5
	欧元	823.89	816.49	825.79	813.91	819.86	783.42
	英镑	915.99	915.22	915.99	904.09	910.11	890.28
	澳元	499.54	504.82	504.82	495.62	498.67	471.56
	新西兰元	464.02	461.93	464.02	451.25	457.27	446.37
	新加坡元	508.58	504.82	508.58	504.11	506.15	504.12
	瑞士法郎	765.56	758.48	765.64	757.24	761.38	733.65
	加元	522.12	523.93	525.49	520.19	523.48	518.02
	林吉特	60.61	60.75	60.75	60.19	60.41	60.4
	卢布	1 061.76	1 079.91	1 096	1 046.7	1 063.94	994.71

续表 (Continue)

月份 Month	币种 Currency	期初价 Beginning of period	期末价 Ending of Period	最高价 Highest	最低价 Lowest	期平均 Period Average	累计平均 Accumulative Average
9月 Sep.	美元	684.98	681.01	684.98	675.91	681.48	698.57
	港元	88.38	87.87	88.38	87.21	87.93	90.04
	日元	6.46	6.44	6.48	6.43	6.45	6.49
	欧元	817.73	799.41	817.73	793.44	803.78	785.67
	英镑	915.18	875.77	915.41	865.12	884.18	889.61
	澳元	505.32	486.27	505.32	480.5	493.15	473.95
	新西兰元	461.34	449.15	462.31	445.22	454.49	447.27
	新加坡元	503.47	497.69	503.47	495.32	498.89	503.54
	瑞士法郎	757.53	740.51	757.53	735.11	745.18	734.92
	加元	525.12	508.64	525.12	508.08	515.91	517.78
	林吉特	60.73	61.03	61.2	60.64	60.89	60.45
	卢布	1 077.53	1 158.84	1 158.97	1 076.82	1 112.92	1 007.78
10月 Oct.	美元	677.96	672.32	677.96	665.56	671.11	696.53
	港元	87.48	86.72	87.48	85.88	86.59	89.78
	日元	6.40	6.43	6.45	6.33	6.38	6.48
	欧元	798.65	784.63	798.65	784.63	790.09	786
	英镑	878.4	869.05	878.4	864.6	871.89	888.29
	澳元	486.92	472.73	486.92	470.9	477.57	474.22
	新西兰元	447.16	445.39	449.95	439.3	445.51	447.14
	新加坡元	499.93	491.86	499.93	491.05	493.68	502.81
	瑞士法郎	740.54	734.06	740.54	731.97	736.61	735.05
	加元	514.63	504.62	514.63	504.62	508.98	517.13
	林吉特	61.15	61.83	62.28	61.15	61.86	60.55
	卢布	1 139.52	1 174.05	1 176.12	1 139.52	1 152.83	1 018.57
11月 Nov.	美元	670.5	657.82	670.5	654.84	660.88	693.36
	港元	86.48	84.87	86.48	84.47	85.24	89.38
	日元	6.41	6.32	6.41	6.26	6.33	6.47
	欧元	780.69	787.19	787.19	776.18	781.52	785.60
	英镑	866.86	877.02	880.4	864.78	872.38	886.87
	澳元	470.38	486.75	486.75	470.38	480.25	474.76
	新西兰元	442.58	463.13	463.13	442.58	452.97	447.66
	新加坡元	490.59	491.68	492.9	487.88	490.26	501.69
	瑞士法郎	731.22	727.41	735.34	718.46	725.32	734.18
	加元	502.2	506.85	510.03	500.35	505.09	516.06
	林吉特	61.99	61.85	62.64	61.85	62.27	60.70
	卢布	1 186.14	1 152.94	1 200.85	1 146.05	1 163.23	1 031.45

续表 (Continue)

月份 Month	币种 Currency	期初价 Beginning of period	期末价 Ending of Period	最高价 Highest	最低价 Lowest	期平均 Period Average	累计平均 Accumulative Average
12 月 Dec.	美元	659.21	652.49	659.21	652.36	654.23	689.88
	港元	85.04	84.16	85.04	84.14	84.39	88.93
	日元	6.32	6.32	6.36	6.27	6.30	6.45
	欧元	786.77	802.5	802.5	786.77	795.47	786.48
	英镑	878.87	889.03	889.03	869.96	878.82	886.16
	澳元	484.66	501.63	501.63	483.92	492.04	476.29
	新西兰元	462.57	470.5	470.5	459.42	463.58	449.07
	新加坡元	491.57	493.14	493.14	488.22	490.78	500.72
	瑞士法郎	725.58	740.06	740.06	725.58	735.64	734.31
	加元	507.18	511.61	514.67	507.05	510.25	515.54
	林吉特	61.81	61.83	62.33	61.71	62.03	60.82
	卢布	1 159.06	1 140.11	1 159.06	1 115.99	1 133.57	1 040.52

1980—2020 年人民币对美元交易中间价月平均汇价

Monthly Average Transaction Mid Rates of Renminbi Against USD, 1980—2020

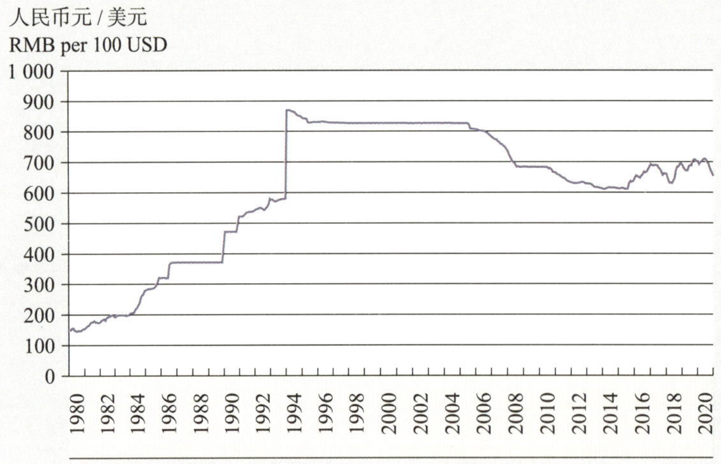

四、利用外资 ①

IV. Foreign Investment Utilization

外商直接投资

Foreign Direct Investment

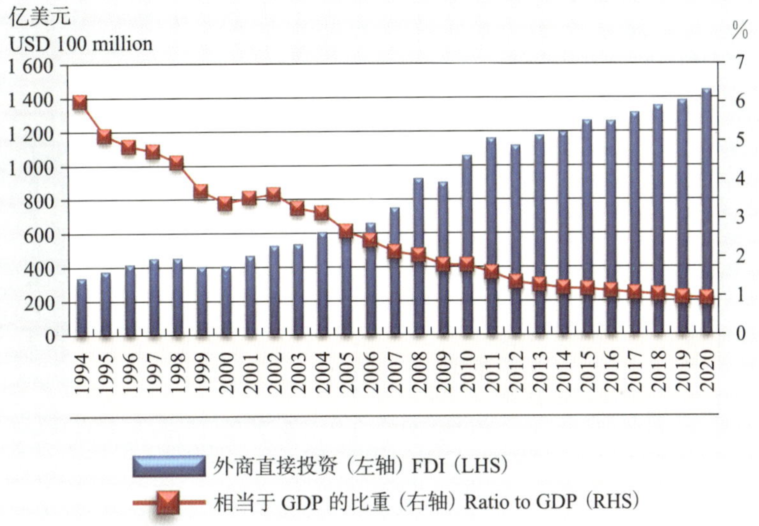

① 资料来源：商务部。
Source: Ministry of Commerce.

五、外债 ①

V. External Debt

外债余额

External Debt

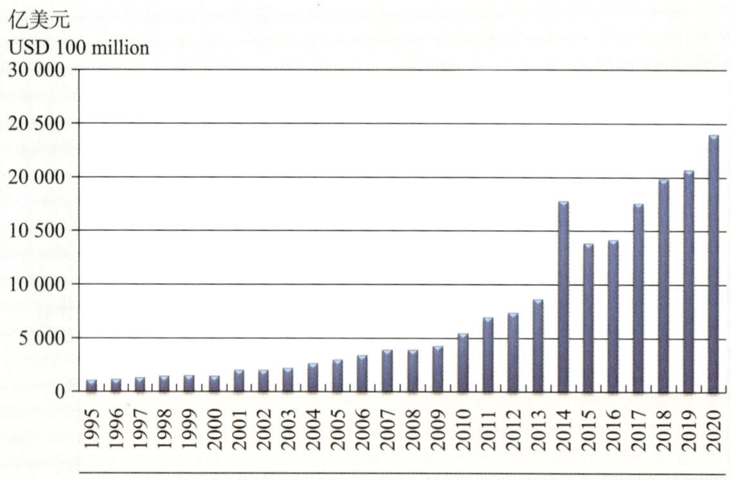

外债余额期限结构（剩余期限）

Components of External Debt by Period Structure (Residual Maturity)

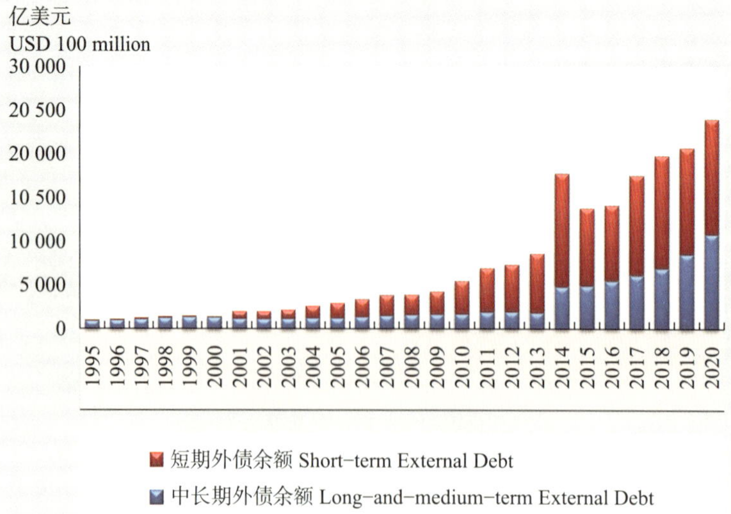

① 资料来源：国家外汇管理局。
Source: SAFE.

2020 年外债余额期限结构（剩余期限）

Components of External Debt by Period Structure (Residual Maturity), End-2020

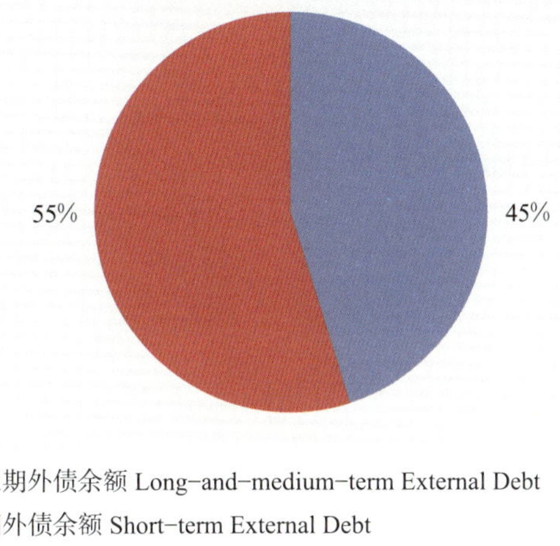

2020 年登记外债余额主体结构

Components of Registered External Debt by Type of Debtor, End-2020

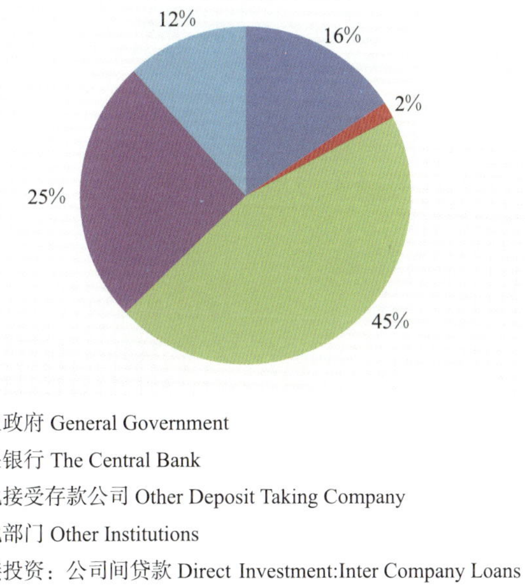

六、世界经济增长状况 ①

VI. Growth of World Economics

世界主要经济体增长率

Growth Rate of Major Economies in the World

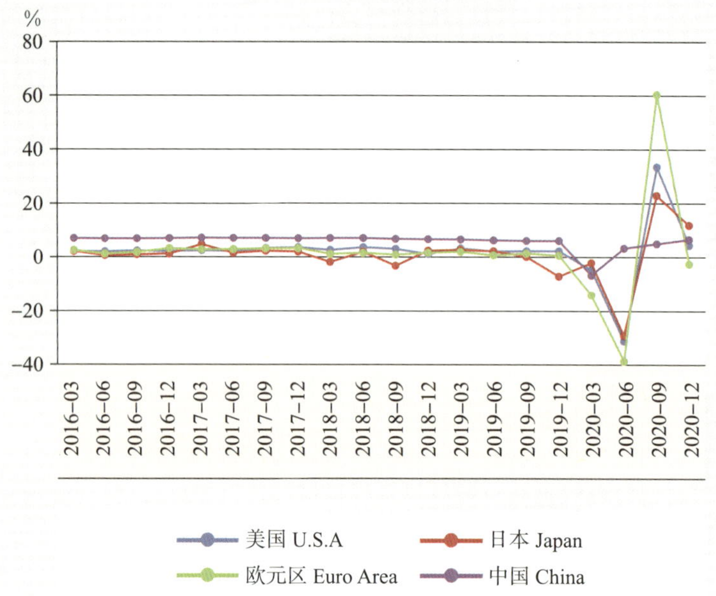

注：美国、日本和欧元区是实际 GDP 季比折年增速，中国为年比增速。
Notes: The growth rates of U.S, Japan and Euro Area are the annualized quarterly growth rates, and the growth rate of China is the year-on-year quarterly growth rate.

① 资料来源：彭博资讯、CEIC 亚洲数据。
Sources: Bloomberg, CEIC Asia Database.

世界主要经济体通货膨胀水平

Inflation Rate of Major Economies in the World

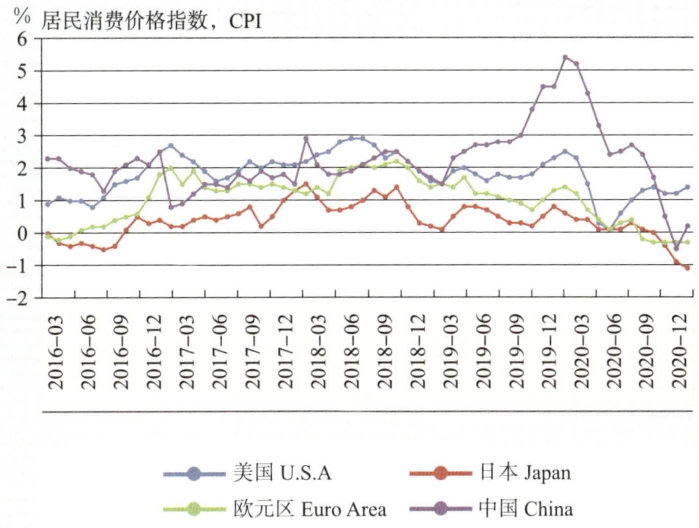

世界主要经济体就业状况

Employment of Major Economies in the World

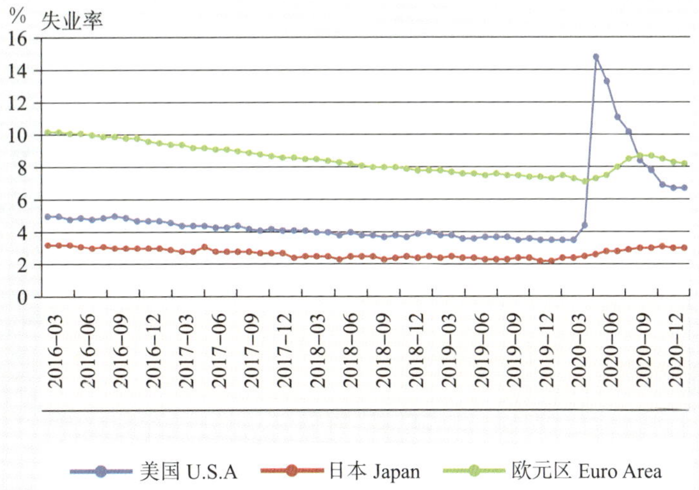

七、国际金融市场状况①

VII. International Financial Market

世界主要经济体基准利率

Basic Interest Rate of Major Economies in the World

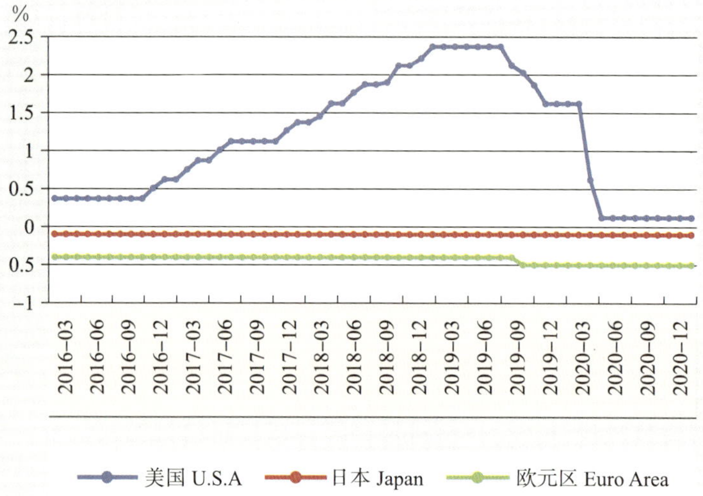

美国、德国及日本股票指数走势

The Trend of Stock Indices in the Markets of U.S., Germany and Japan

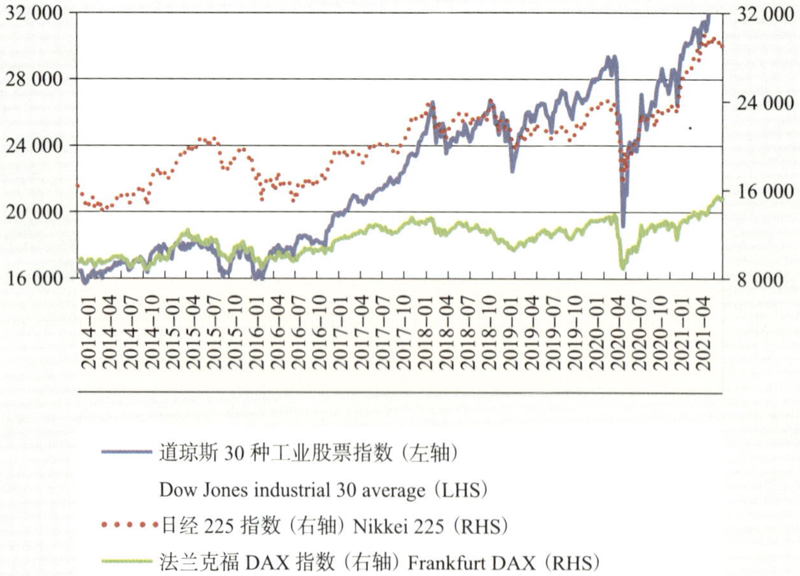

① 资料来源：彭博资讯。
Source: Bloomberg.

国际商品价格

Price of International Commodities

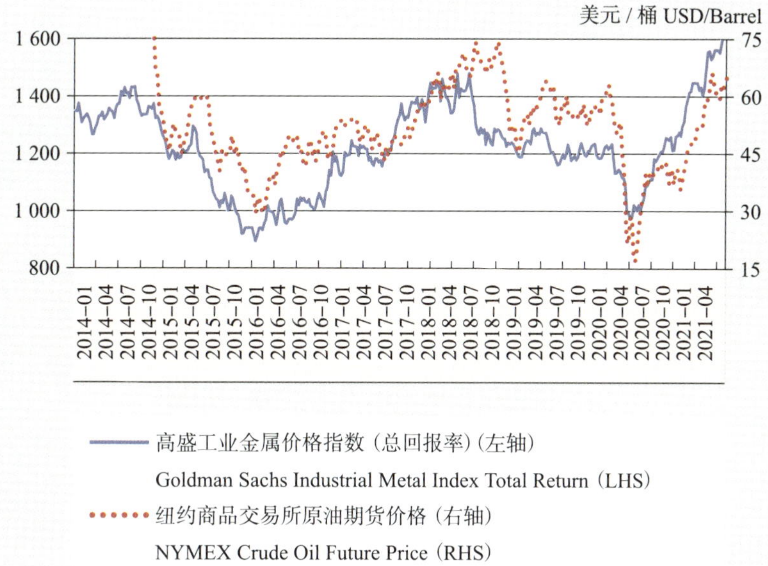

伦敦金属交易所金银价格

LME Gold and Silver Price

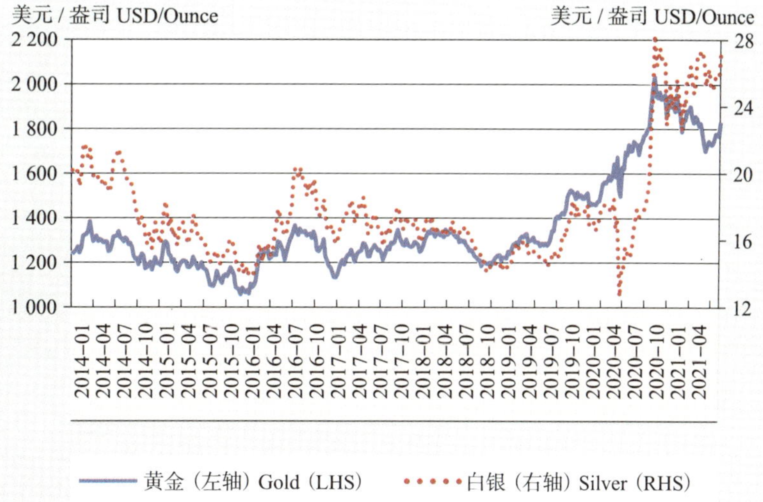